ANTONELLA SGOBBO

PAOLO MATTIA PALAZZOLO

LA LAUREA NON TI BASTA

Come Cambiare In Meglio La Sorte Del Tuo Futuro Universitario e Professionale

Titolo

"LA LAUREA NON TI BASTA"

Autori

Antonella Sgobbo

Paolo Mattia Palazzolo

Editore

Bruno Editore

Sito internet

http://www.brunoeditore.it

Sommario

Introduzione

Per sei giovani su dieci la laurea non basta per trovare lavoro. Più importanti referenze ed esperienza.
"La Stampa"

La laurea non basta. Almeno in Italia, dove solo poco più di metà dei laureati (52,9%) risulta occupato, entro tre anni dal conseguimento del titolo di studio.
"la Repubblica"

In Italia avere una laurea non serve a trovare lavoro.
"il Giornale.it"

Frasi forti, no? Forse a volte un po' eccessive, ma sicuramente il mondo del lavoro già da anni sta cambiando velocemente e sempre di più dobbiamo interrogarci su quelli che possono essere i possibili scenari che ci attendono, ma soprattutto farci trovare pronti, per poterli cavalcare e non subire.

Quanta facilità hai nel cambiare, soprattutto i tuoi pensieri? Alleni la tua mente a essere visionaria e focalizzata sulle soluzioni pensando al futuro, oppure la ancori a sempre più obsolete credenze del passato? Una cosa è certa: se oggi vuoi puntare veramente in alto, la laurea non basta più.

Abbiamo scelto di dirti la nostra, di svelarti tutti i segreti che ci hanno permesso di evolvere e di passare da studenti medi a professionisti di successo.
E quindi eccoci qua!
Hai mai pensato di scrivere un libro? Una di quelle cose che "meraviglioso, quando ho tempo poi lo faccio". Arrivò il giorno, però, in cui ci decidemmo nel voler dare una sterzata, di iniziare a farlo sul serio, spinti dalla consapevolezza che se hai qualcosa di importante da condividere e che può fare del bene agli altri, non c'è tempo da aspettare, devi urlarlo al mondo, e devi farlo ora.

All'età di quasi ventidue anni, Antonella iniziò a guardarsi intorno e a notare una realtà in cui non riusciva a rispecchiarsi. Una quotidianità in cui si trovava ad avere a che fare, soprattutto in ambito universitario, con colleghi/compagni con pochi obiettivi e senza tante mete.

Fino a quel momento sentiva di essersi adattata al loro modo di pensare, si rendeva conto di essere un po' influenzata da quella modalità di vivere molto comune in cui la cosa più importante sembrava essere che cosa fare il venerdì sera.

Era il suo terzo anno di Giurisprudenza e percepiva che la carriera universitaria le stava dando poco rispetto a ciò che si aspettava. Si sentiva un po' vuota, come se dentro di lei ci fosse qualche tassello mancante qua e là, e cercava in ogni situazione la sua opportunità, avvertiva l'esigenza di voler crescere a livello personale, una chance che l'università non le stava concedendo.

Inciampò, inaspettatamente quanto piacevolmente, in un corso di apprendimento avanzato, le cui promesse erano quelle di farle risparmiare tempo nel suo studio, per poterne avere di più per lei.
Caspita, le piaceva questa cosa. Dopo un po' di tentennamenti scelse di seguire questo nuovo percorso, grazie al quale si ritrova oggi ad aver conseguito la laurea molto velocemente, dopo aver utilizzato gli innovativi metodi che le sono stati insegnati.

Così, poté permettersi di lasciare indietro alcuni esami, andando a lavorare sette mesi a Londra, per poi tornare e darne undici in tre mesi e mezzo.

Ora fa tutt'altro e insegna come ottenere questi grandi risultati nella sua azienda di formazione "Memory Up".

L'obiettivo di questo libro è grande: è quello di risvegliare la tua coscienza. Ciò che vogliamo trasmetterti è che la laurea non basta più per avere la certezza di realizzarti, la certezza risiede in un solo posto: dentro di te.

Abbiamo scelto di intraprendere il percorso della formazione perché la felicità dell'essere umano è nella sua crescita, nel suo sviluppo, nella sua realizzazione personale.

Vogliamo essere per le persone uno strumento che le aiuti a sviluppare nuove abilità, competenze, caratteristiche, per portarle a realizzarsi come individui.

Quindi, cosa fa la differenza tra chi trova lavoro con semplicità e chi no? La differenza tra chi riesce a fare ciò che ama e chi no? Sta per di più nel modo di pensare.

Dipende da quanto sei focalizzato sul voler trovare la soluzione e non sul rimanere a pensare al problema; da quanto riesci a scovare il lato positivo delle cose, nell'avere un atteggiamento vincente, un'efficienza mentale e una capacità di apprendere che ti differenzia.

Questo è ciò che da novembre 2016 facciamo nella nostra azienda, svolgendo corsi tutti i mesi per ripartire da te, migliorare te stesso, differenziarti.

Grazie per essere qui con noi nel compiere questo viaggio; fallo tenendo sempre la mente aperta, cercando in queste pagine di uscire dal tuo modo di vedere le cose. Qualcuno bravo con la matematica diceva che è folle pensare di ottenere risultati diversi continuando a fare gli stessi pensieri e le stesse azioni.
Per far si che questo libro possa essere per te non solo una bella lettura ma un viaggio arricchente, dove potrai acquisire nuovi importanti strumenti, abbiamo scelto di inserire alcune "Domande

guida" che troverai al fondo del libro. Ti invitiamo a leggerle prima di ogni capitolo in modo che tu possa essere focalizzato nel cogliere ogni aspetto per te rilevante. Prenditi poi, al termine di ognuno, qualche minuto per appuntarti nelle righe a disposizione ciò che hai imparato, le nuove idee che hai avuto, le nuove azioni che sceglierai di fare, creando in questo modo un nuovo piano che ti porterà a ottenere risultati straordinari. Sappiamo che è una cosa diversa dal solito, poiché ad ogni domanda siamo abituati a rispondere una sola volta, ma in questo modo potrai arricchire le tue risposte con nuovi spunti di riflessione capitolo per capitolo, passo dopo passo, per avere alla fine del libro una visione globale di tutto ciò che è importante per te.

All'interno troverai anche degli esercizi che ti aiuteranno a sviluppare una personalità vincente, ad avere una direzione chiara, falli con cura ogni volta che li incontrerai nella tua lettura, prenditi del tempo per te, non andare di fretta, ti aiuteranno a renderti conto che ciò che ti serve è già dentro di te.

Ci rivediamo alla fine, non mancare!

P.S. Nella "Conclusione" troverai 2 REGALI speciali per te!

Capitolo 1:
Cogliere le opportunità

14.02.13, ore 9,00

Non so se è già successo anche a te, di provare in modo ripetuto nel tempo la sensazione che manchi sempre un tassello al tuo puzzle, che va tutto bene, ma l'immagine che cerchi di disegnare, di comporre, non sembra essere mai completa.

A volte mancano dei tasselli, altre pare che quelli che ci sono non si incastrino più alla perfezione, o forse alla perfezione non si sono mai incastrati.

Era questa la sensazione che provavo da un po' di tempo ormai. La consapevolezza di non potermi certo lamentare di nulla, ma al tempo stesso ciò che vivevo non era sufficiente a farmi sentire profondamente soddisfatta. Non che avessi idea di ciò che potesse farmi sentire così. Un bel caos insomma.

Andava tutto bene, eppure c'era sempre un senso di mancanza: ma cosa? Sembrava una di quelle giornate simili a tante altre. Era da qualche tempo che dentro di me avvertivo la voglia di un cambiamento, anche se ancora non ero consapevole che questo sarebbe iniziato di lì a poco.

Studentessa, terzo anno della facoltà di Legge, quasi ventidue anni, mi trovavo alle macchinette del caffè dell'università, aspettando la fatidica ora d'inizio dell'ennesimo esame: Procedura civile, nulla di divertente.

Non ero sola ad aspettare, ero con Jessica, mia grande amica, compagna di studio e di vita. Scelsi questo indirizzo universitario convinta di voler fare carriera in magistratura, le ambizioni già non mancavano, ma dentro di me c'era sempre qualcosa che strideva, che si chiedeva come mai proprio quella direzione: non lo sapevo nemmeno io in fondo.

Forse perché essendo un buon traguardo lavorativo mi avrebbe resa soddisfatta, fiera di me, magari mi sarei potuta sentire un po' la Sailor Moon della situazione difendendo i buoni dai cattivi, forse avrei reso orgogliose le persone attorno a me, ma probabilmente la più sincera verità era che non ne avevo idea.

Le giornate scorrevano tra lavoretti vari per potere avere un minimo di indipendenza economica durante i cinque anni dell'infinita facoltà che mi ero scelta, uscite con amici nei posti più "in" tra chiacchiere e divertimento, palestra come svago, studio, studio, studio, ah sì, ancora studio.

Una buona parte del mio tempo era dedicata a ripetere, rileggere, riscrivere, evidenziare in vari colori nozioni su nozioni di diritto che un po' non sentivo dessero un concreto valore aggiunto alla mia vita, un po' mi demoralizzava la piena consapevolezza che di tutte quelle informazioni, col passare dei mesi, non mi sarei ricordata più del 30% (chi mi conosce sa che sono molto positiva).

Non potevo assolutamente esordire dicendo che mancasse concretamente qualcosa nella mia vita, eppure ero sempre in attesa di essere travolta da novità, in cerca di nuovi orizzonti, nella speranza che improvvisamente ogni cosa ordinaria potesse diventare straordinaria.

Le ore di attesa prima dell'inizio di ogni esame erano caratterizzate da una sensazione di ansia mista a confusione, proprio come quel giorno. Ciò che c'era di paradossale era che, nonostante avessi dedicato un mese del mio prezioso tempo per apprendere tutti i passaggi e le terminologie in modo accurato, le incertezze non tardavano mai ad arrivare.

La sensazione di confusione tra le informazioni era parte di me, come se mi fosse bastato distrarmi pochi minuti per dimenticare tutto ciò che avevo memorizzato (o meglio, così mi sembrava) nel mese di studio. Bellissime sensazioni insomma.

Eravamo lì con Jessica, intente ad appiccicarci le ultime cose prima dell'inizio dell'"interrogatorio". Intorno a noi molte persone ferme alle macchinette del caffè, e noi nel nostro piccolo mondo a tentare di trovare un po' di concentrazione.

Più di una volta durante la mattinata avevamo pensato di fare marcia indietro e tornare a dare quell'esame all'appello successivo, rimpiazzandolo con un giro per le vie del centro, ma il nostro motto era sempre stato quello di "almeno la tentiamo", e dandoci forza a vicenda rimanemmo lì, imperterrite, ad attendere che arrivasse l'ora X.

Aspettando il nostro turno non tardammo ad accorgerci che le persone uscivano dall'aula con facce piuttosto tristi (sempre per essere positivi), condividendo che le domande erano state impossibili, descrivendo il professore come un mostro a tre teste (aveva un po' questa fama effettivamente) e frignando con i compagni per quanto fosse ingiusto il mondo.

Io e Jessica così non lo siamo certamente mai state, la nostra vita non diventava improvvisamente terrificante per un esame non andato a buon fine, ma a dire la verità anche le nostre speranze si stavano affievolendo man mano che le facce tristi continuavano ad uscire dall'aula.

Che fare ora? Scappare no, ma il nostro motto "almeno la tentiamo" sembrava somigliasse sempre di più a un salto nel vuoto, viste le 12 persone su 15 bocciate. La nostra imperfetta preparazione abbinata all'attuale sensazione di confusione non poteva di certo farci stare tranquille.

Ma noi avevamo sempre un'alternativa. Al piano di sopra sarebbe iniziato di lì a poco il medesimo esame, in forma scritta, con una docente differente (buona per fama) che in teoria non aveva più ammesso studenti per insufficienza di posti in aula. Ma ci sarà qualcuno che si ritira all'ultimo, no?

Alcune persone non si erano presentate all'appello dell'esame della professoressa buona: era appena diventata la nostra giornata fortunata, due di quei posti erano nostri.

Il suo appello iniziava alle ore 15,00 dello stesso giorno, eravamo lì dalle 9,00: non si aspettava così tanto neanche per entrare al museo del Louvre. Ritornammo quindi alla base, le macchinette del caffè ci riaccolsero per la lunga attesa.

Erano ormai circa le 13,00 e chi era stato promosso si trovava probabilmente a festeggiare, chi no era a lamentarsi da qualche parte, più poche persone intorno a noi in quell'angolo di

16

università che si era improvvisamente fatto così silenzioso. L'ultimo ripasso avremmo potuto farlo in pace, o forse così credevamo.

Non avevo neanche finito di pensarlo che si avvicina un ragazzo mai visto prima di allora, che inizia ad attaccare bottone, presentandosi a noi, gentile per carità, ma non in quel momento, non a poco meno di due ore dall'inizio dell'esame.

Inizialmente facemmo finta che fosse una sorta di fantasma, sorridendo e annuendo solamente a ogni cosa, mentre continuavamo a ripassare, facendogli presente che eravamo in attesa di dare un esame. Aveva sempre funzionato per allontanare gli attacca-bottone. Ma non quella volta.

Non aveva forse notato che la sua presenza non era gradita? Si capisce solitamente quando è il momento di fare nuove conoscenze e quando no. Quello non lo era. E, come se non bastasse, iniziò a parlarci del fatto che aveva frequentato un corso sulle tecniche di apprendimento avanzato, un qualcosa per risparmiare tempo nello studio e non ritrovarsi un'ora prima dell'esame a memorizzare le nozioni a pappagallo come stavamo facendo noi. Diventava più "simpatico" a ogni tic-tac dell'orologio.

Con neanche troppa gentilezza gli dicemmo che noi di quelle cose non avevamo bisogno, che avevamo la media del 27 e tutti gli esami in regola (facendoci un bel mazzo, ma tutto vero).

A differenza nostra sembrava avesse parecchia voglia di divertirsi e tirò fuori un foglio e una penna, ci fece vedere (senza che nessuno glielo avesse chiesto ovviamente) un esercizio per dimostrarci quanto tempo fosse in grado di risparmiare nella memorizzazione di alcune informazioni rispetto a noi e al nostro ripetere, ripetere e ripetere.

Ma perché? Da quanto tempo ci stava osservando? Era forse saltato fuori da una delle macchinette del caffè? I risultati di quell'esercizio, devo essere sincera, erano stati sbalorditivi. Qualcosa che noi avremmo impiegato 30/40 minuti a fare, lui lo aveva appena fatto in 24 secondi, davanti ai nostri occhi, con informazioni che gli avevamo appena dettato noi stesse.

Questo apprendimento avanzato forse iniziava a incuriosirci. E, a pensarci, l'energia e l'entusiasmo con cui ci parlava di questo metodo erano coinvolgenti (in un altro momento lo sarebbero stati ancora di più).

Sembrava avesse visto da lontano la nostra disperazione nel ripetere nozioni su nozioni e in qualche modo volesse salvarci. Voleva per caso anche lui essere la Sailor Moon della situazione? Sembrava proprio di sì.

A ogni modo, il nostro scetticismo si faceva sentire, ma il desiderio di capire come avesse fatto a metterci 24 secondi rispetto ai nostri ipotetici 30/40 minuti pure. Ci lasciò un biglietto con scritto il suo numero e alcune date delle dimostrazioni, a cui era possibile partecipare, riguardanti il metodo che aveva utilizzato, e se ne andò.

Le cose erano due: o la vita ci aveva appena mandato un angelo che avrebbe risolto ogni nostro problema di tempo e stress nello studio, facendoci scoprire l'esistenza di queste tecniche, o era uno di quei trucchetti di magia destinati a rimanere un mistero.

Ma non c'era più troppo tempo per pensarci, subito su al secondo piano, aula quasi piena, la professoressa buona ci fece scegliere il nostro posto, la lunga attesa era terminata, l'esame iniziò.

Ogni cosa che facciamo, ogni luogo in cui ci troviamo, ogni persona che incrocia il nostro cammino, ogni cambio di programma che ci porta a fare delle cose piuttosto che altre, ogni piccola scelta non è mai a caso nella nostra vita. O meglio, questo è ciò che ho imparato a credere.

Per tutto c'è un motivo, ognuno di noi fa parte di un piano più grande, un piano meraviglioso che la vita, Dio, l'universo o ciò in cui credi hanno già scritto per te. Esiste sempre una motivazione, sia a ciò che ci accade che amiamo, sia a ciò che non comprendiamo, ciò a cui non riusciamo ad attribuire un buon significato.

Ogni cosa, se la si vuole veramente e si è disposti a pagare il prezzo della scomodità, può essere interpretata in modo positivo, osservandola sotto un punto di vista diverso.

Ho letto qualche tempo fa un articolo che parlava delle differenti interpretazioni del rito funebre. Riconosco che l'argomento potrebbe non essere dei più divertenti, ma è molto interessante.

Per noi occidentali, si sa, partecipare al funerale di una persona cara è certamente una delle cose più tristi che vorremmo non vivere mai, e durante il rito funebre si è soliti osservare persone colme di dolore, che versano lacrime e vivono le più negative delle emozioni. E questo per noi è normale.

Ma non è lo stesso ad esempio a Bali, in Indonesia, o in altre zone del mondo. Ogni volta che qualcuno di caro vola via, è una vera e propria festa. Persone sorridenti, colme di gioia, che festeggiano mangiando insieme, indossando vesti colorate: una vera e propria celebrazione.

Festeggiano perché credono fortemente che quando una persona non vive più in questo mondo, è perché ha una missione più importante e migliore da intraprendere, e ci credono con ogni cellula del proprio corpo.

Loro non comprendono che qui è normale piangere, perché per loro è quella la normalità, sicuramente frutto di tradizioni, credenze e significati attribuiti a questo evento e che sono molto diversi dai nostri. E quindi cos'è meglio, qual è la normalità? Cos'è giusto fare e quali emozioni è giusto provare di fronte a tutto questo?

Sicuramente qui in Occidente sarebbero presi per matti dalla maggior parte delle persone, ma se questa "pazzia" li fa stare meglio, siamo ancora convinti che siano loro i veri pazzi?

Io non lo so cosa è giusto o cosa è sbagliato, so però che se c'è un'idea, un principio che ti fa stare bene, allora è importante seguirlo e non perderlo mai di vista. Nulla è lasciato al caso, nessuna emozione o situazione che ci troviamo a vivere, tutto ha un suo perché più profondo di ciò che sembra apparentemente. Sta solo a noi scovarlo.

Terminato l'esame io e Jessica tornammo a casa, cenai con i miei genitori raccontando loro le avventure vissute in quella giornata e mi rimisi diligentemente sui libri pronta a preparare un nuovo esame, o almeno ci provai. I pensieri e le riflessioni maturavano però dentro di me.

L'esame delle ore 9,00 sostituito con quello delle 15,00, i posti che si erano liberati per poter dare la prova scritta con la professoressa buona, l'aver scelto di cambiare docente a causa delle facce tristi che uscivano dall'aula, l'attesa alle macchinette fino alle 15,00 per salire al secondo piano, l'incontro con quel ragazzo.

Questa volta sembrava invece che tutti i pezzi del puzzle si fossero incastrati perfettamente. Neanche questo poteva essere un caso. Ma soprattutto l'incontro con quel ragazzo, in un orario in cui non avremmo dovuto essere lì io e Jessica se avessimo dato l'esame per cui ci eravamo inizialmente prenotate, in un posto inusuale per ripassare, le macchinette del caffè. E poi l'esercizio, 24 secondi, 24.

Allora presi il biglietto dove aveva appuntato il suo numero e le date delle dimostrazioni e gli scrissi dicendogli che sarei andata, prenotandomi per il giorno successivo.

Da quel momento fino all'appuntamento (meno di 24 ore) cambiai idea almeno tre o quattro volte, devo essere sincera. È che mi sembrava così tanto straordinario il fatto di poter risparmiare tempo nel mio apprendimento che non credevo fosse realmente possibile, poi proprio per materie come il diritto, la vedevo impegnativa. Ormai avevo però scelto di andarci, ciò che è fatto è fatto.

Ho sempre vissuto un po' per sensazioni, e mentre mi recavo lì sentivo che questa dimostrazione sarebbe stata qualcosa di buono per me.

Erano state già tante le volte in cui per dubbi o incertezze avevo lasciato perdere percorsi, opportunità, e già prima di questo momento mi ero promessa che non sarebbe più accaduto.

Ciò che avevo chiaro era che, se davvero volevo essere travolta da qualcosa di straordinario, questo non mi sarebbe sicuramente caduto dal cielo, ma avrei dovuto agire per andargli incontro. Agire, azioni. Chissà se questa era la volta buona in cui avrei mantenuto la promessa a me stessa.

Durante l'incontro le mie domande rispetto a ciò che veniva spiegato erano, come dire, interminabili. Ero curiosa, ero interessata, sentivo, col passare dei minuti, che questa cosa avrebbe potuto fare al caso mio.

Ero scettica inizialmente perché credevo si trattasse di uno di quei corsi che riguardano soltanto la memoria, non capivo in realtà cosa quell'esercizio che quel ragazzo aveva memorizzato in 24 secondi, seppur stupefacente, potesse c'entrare con la mia infinita mole di studio. Come sarebbe potuto essermi utile?

Ho sempre pensato che la comprensione nel processo di apprendimento fosse fondamentale, alla base, anche se non nascondo che molte nozioni alle volte finivo per appiccicarmele così com'erano, non avendo in effetti mai avuto un vero e proprio metodo di studio.

Fortunatamente lì alla dimostrazione compresi subito che il corso riguardava una precisa metodologia e non l'imparare a memorizzare qualsiasi informazione stile pappagallo. Scoprii l'esistenza di tecniche di concentrazione, lettura veloce, mappe

25

mentali, organizzazione del tempo.

Un nuovo mondo, proprio lì davanti a me. Comprendevo sempre più che avrei potuto velocizzare il mio studio grazie a quelle tecniche, che i miei risultati sarebbero potuti migliorare e che finalmente la sensazione di confusione prima degli esami sarebbe potuta magicamente sparire.

Oltre ad aver visto con i miei occhi la concretezza del percorso per arrivare ai "24 secondi" rispetto ai 30/40 minuti, sentivo che questi strumenti erano nelle mie corde e mi avrebbero aiutata a realizzare grandi cose, magari in magistratura, o magari in qualcos'altro.

Avvertivo che non mi sarebbe servito solo nello studio, ma nella vita. Presagivo che la laurea, ciò a cui tanto ambivo, non mi sarebbe bastata per tagliare importanti traguardi lavorativi, mi serviva quella marcia in più.

In fondo cosa distingue veramente migliaia e migliaia di persone che fanno lo stesso percorso universitario conseguendo la medesima laurea? A rigor di logica dev'essere qualcosa che si impara fuori dall'università.

Terminata la dimostrazione, scelsi subito di partecipare a quel corso. Mentre compilavo il modulo d'iscrizione ero addirittura emozionata.

Fino a quel momento avevo sentito di non conoscere gli strumenti adatti per cambiare le cose nel mio studio e di conseguenza nelle mie giornate. Ma poi divenni sempre più consapevole di quanto ciò che avevo creduto impossibile fino al mattino stesso potesse essere finalmente realizzabile.

Se solo quel ragazzo mi avesse parlato prima di quell'opportunità; ma a quanto pare era questo il mio momento, e me lo volevo vivere tutto. Dopo esattamente un mese avrei iniziato il corso.

Sono una di quelle persone che crede ai treni che passano una volta sola e questo era il mio treno. La testa iniziò a viaggiare tra tutto ciò che avrei potuto fare una volta imparato a usare le tecniche di apprendimento avanzato.

Una cosa era certa: se mi fosse bastata la metà del tempo per preparare i miei esami come mi avevano detto alla dimostrazione, avrei dovuto iniziare a pensare cosa fare delle mie giornate. Ah! Mi avevano anche detto che per memorizzare non avrei più avuto bisogno di ripetere ad alta voce, chissà come si sarebbe sentito solo il mio gatto, o forse ne sarebbe stato contento anche lui.

Provavo proprio un senso di benessere quel giorno, non per il corso in sé, ancora non ero capace di applicare niente, ma ero profondamente soddisfatta di aver colto qualcosa che presagivo essere buono per me, sentivo che mi avrebbe fatto migliorare e crescere, e di questo ero contenta.

Avvertivo che dentro di me era in atto un cambiamento, non avevo più voglia di aspettare di essere travolta da chissà che cosa, volevo essere io il cambiamento per me stessa, volevo essere io a travolgere, a cogliere le occasioni, ad aprirmi al mondo e a nuove direzioni. Avevo appena compreso l'importanza di cogliere le opportunità.

Credo profondamente che ognuno di noi, nel vivere ogni sua

giornata, sia circondato da opportunità che neanche vede. Prova a pensare semplicemente a quante volte hai disdetto un appuntamento all'ultimo. Ti sei mai chiesto come sarebbe andata se non l'avessi fatto?

E non intendo appuntamenti super mega importanti, parlo di cose semplici. Almeno una volta ognuno di noi, sono sicura che, inventandosi qualche scusa, abbia annullato un incontro con un amico/a (o forse anche due, tre, quattro...).

Non puoi sapere se andando invece a quell'appuntamento avresti incontrato la donna o l'uomo della tua vita, non puoi sapere se sul tram avresti conosciuto la persona che ti avrebbe aperto la porta per il lavoro dei tuoi sogni, non puoi sapere se avresti potuto essere utile a qualcuno in difficoltà. Non puoi sapere come sarebbe stata, dopo, la tua esistenza.

Il mio è un inno alla vita, è un invito a cogliere ogni opportunità in qualsiasi forma essa si presenti, per iniziare a percepire le nostre svolte nelle piccole cose. Sono importanti le piccole cose, perché sono quelle che meglio riusciamo a intuire e cogliere, e da queste possono nascere grandi capolavori.

Mi piace dire "Sì!", mi fa sentire viva, mi dà la sensazione che aprendomi al mondo, accettando ciò che offre, la vita mi doni a sua volta opportunità.

Ah, all'esame poi presi 27, ma a distanza di un mese ti confermo che le informazioni perse erano già una buona percentuale. Era per questo che lo studio mi rendeva insoddisfatta. Ero consapevole del fatto che, la sessione dopo, avendo come esame la seconda parte di Procedura civile, avrei dovuto ristudiarmi più o meno tutta la prima per potere avere una piena padronanza dell'argomento.

Ma com'è possibile? Cosa accade nella nostra mente, perché tutto scivola via? Se avessi potuto scegliere un superpotere sarebbe stato quello di immagazzinare ogni cosa per non dimenticarla più.

Ma ci pensi? Significherebbe rendere davvero prezioso il nostro tempo, avere delle vere e proprie conoscenze dopo una laurea e non solamente la corona d'alloro per fare le foto con i parenti dopo la discussione della tesi, ma essere delle persone preparate su ciò che ci appassiona di più.

La laurea è solamente un mezzo, ciò che conta è la persona che c'è dietro. Dunque, non può essere un fine, non può essere che la maggior parte degli studenti universitari la veda quasi come l'obiettivo più importante della propria vita.

Mai nessuno a scuola ci ha insegnato ad apprendere. Siamo subito tempestati dalle nozioni delle più disparate materie ma, poi, cosa ci resta? Prova a pensare come sarebbe se ci potessimo ricordare tutto ciò che abbiamo appreso dalla prima elementare a oggi. Magari! So che hai pensato questo.

Alla dimostrazione venne spiegato che, applicando le tecniche di apprendimento avanzato in ciò che ci interessa sapere, sarebbe stato possibile ricordare le informazioni a lungo termine. Impiegando meno tempo e senza stress. Fantascienza. O è fantascienza o è la svolta. Il corso iniziò.

RIEPILOGO DEL CAPITOLO 1:

- SEGRETO n. 1: comprendi il motivo per cui stai facendo una cosa. Cos'è che ti muove?
- SEGRETO n. 2: di' "Sì!" alla vita e alle opportunità che ti presenta. Sappi che non sempre avranno un'insegna luminosa, sta a te accendere la lampadina.
- SEGRETO n. 3: fai lo scettico intelligente, non restare fermo per dei pregiudizi, ascolta con la mente aperta e goditi il piacere di essere stupito.
- SEGRETO n. 4: scegli il significato che ti fa stare bene, non quello comune, scegli quale vuoi che sia la tua normalità.
- SEGRETO n. 5: sii tu il cambiamento per te stesso, parte tutto da te, sta a te scegliere di rendere l'ordinario straordinario.

CORRI A RISPONDERE ALLE "DOMANDE GUIDA" ALLA FINE DEL LIBRO!

Capitolo 2:
Riparti da te

Ero stata da poco nella casa in cui ho vissuto dai quattro ai dodici anni. Era situata nello stesso caseggiato dove tuttora vivono i miei nonni e salendo su da loro trovai la porta della mia vecchia casa spalancata, quasi come se fosse di nuovo pronta ad accogliermi.

All'interno una coppia di signori che ne stavano osservando le pareti e gli spazi, erano lì con mio zio, sarebbero stati probabilmente i nuovi inquilini.

Colsi l'occasione per entrare, mi affacciai silenziosamente, salutai e chiesi il permesso per fare anch'io un piccolo tour all'interno. Erano esattamente quattordici anni che non vi mettevo piede. Provai una sensazione particolare, e ti spiego perché.

Non so se ti sei mai trovato a tornare in un luogo dove eri stato da piccolo. Ecco, io ero lì proprio in quell'istante. Sapevo che quella casa non era mai stata una reggia come grandezza, ma a quattro anni la vedevo immensa, e ora invece mi sembrava così piccola.

Mi diressi verso quella che era stata la mia cameretta e rimasi a fissarla incantata per alcuni secondi. Il termosifone dove amavo appoggiare i vestiti per indossarli caldi al mattino prima di andare a scuola, l'armadio a muro dove mettevo tutti i giocattoli possibili immaginabili: era tutto sempre lì, immobile, come se questi quattordici anni non fossero mai passati.

Ogni centimetro era un ricordo, e ogni spazio era diventato così tanto piccolo. A quattro anni sembrava tutto immenso, ora non più, ma in effetti non era cambiato proprio nulla. O meglio, ad essere cambiato non era certamente il posto, ero io, era cambiato qualcosa dentro di me.

Come ogni cosa che ti trovi ad affrontare, ogni paura, ogni momento impegnativo, ogni cambiamento, quando ti senti piccolo lo vedi come una grande impresa, molto più grande di te, molto più grande di come è realmente; quando invece cresci, quando inizi a sentirti grande dentro, a renderti conto della tua forza e di quelle che sono le tue potenzialità, allora tutto diventa alla tua portata, più ridimensionato.

In quel momento avvertivo ciò dentro di me, una forza nuova, sentivo che ero più grande rispetto a come avevo sempre pensato. Questa sensazione non era di certo innata, ma si presentò in un momento particolare: il giorno dopo aver finito il corso.

Fu una giornata colma di gioia e di soddisfazione. C'era una cosa che prima mi sembrava grande e ora stava diventando sempre più semplice: memorizzare qualsiasi tipo d'informazione velocemente.

Lunedì mattina, direzione biblioteca, l'obiettivo era quello di studiare (come da programma giornaliero che mi ero prefissata) una trentina di pagine di Diritto penale, ma il risultato fu un altro.

Stava succedendo qualcosa di emozionante perché, con le tecniche di apprendimento avanzato apprese, Diritto penale, proprio quello, stava diventando divertente e leggero (sì, hai capito bene). Questo nuovo metodo stava già stravolgendo quelli che erano sempre stati un po' dei miei limiti nello studio.

Per quanto il diritto fosse qualcosa che mi piaceva conoscere, ho sempre reputato di per sé studiare un'attività piuttosto noiosa, implicante azioni ripetitive (ripetere, rileggere, riscrivere) e alle volte non troppo semplice a livello nozionistico. Ma ora era tutto diverso, improvvisamente più semplice.

Tutto a un tratto gli evidenziatori divennero inutili, avevo capito che sottolineare non era efficace per ricordare, anche se una pagina evidenziata mi ha sempre dato la sensazione di aver studiato, o almeno di essere passata su quelle informazioni.

Mi accorsi che all'età di ventidue anni in realtà un metodo efficace ed efficiente non lo avevo mai avuto; era un po' un'improvvisata di azioni che mi permettevano di "appiccicarmi" i testi, andava bene nel breve termine, poi, puff, svaniva tutto come il coniglio dei maghi nel cilindro.

Subito dopo il corso invece aprivo il libro, leggevo, mi concentravo nel comprendere al meglio il concetto principale catturando immediatamente il nocciolo della questione (senza perdermi nelle inutili ridondanze del testo), sceglievo le parole chiave, mappa mentale. Leggevo, parole chiave, mappa mentale, e così via.

Nessuna sottolineatura, addio evidenziatori, schemi e inutili riassunti con cui mi illudevo di imparare le cose, che poi erano totalmente da riprendere in mano e studiare da capo (impiegando ovviamente, da buona perfezionista, ore e ore di tempo per farli).

Dopo un'ora e dieci minuti, al posto delle pagine e pagine di riassunti e schemi che mi sarei dovuta trovare a ripetere, avevo appena fatto un'unica mappa mentale che conteneva 25 pagine del testo: e le sapevo!

Avrei potuto raccontarle in modo dettagliato a qualcuno, quando un'ora e dieci minuti prima non sapevo nemmeno cosa trattassero. Breve calcolo: il libro era di 700 pagine, 25 pagine circa all'ora, 4/5 ore al giorno di studio e in circa 7 giorni l'esame era pronto. Non era fantascienza, era la svolta.

Oltre al poco tempo, la cosa straordinaria era che il settimo giorno mi ricordavo perfettamente ciò che avevo studiato il primo e avevo inserito in poche mappe mentali tutto il contenuto dell'esame per filo e per segno. Niente più informazioni sparse di qua e di là, potevo avere una visione globale di qualsiasi argomento.

Mi fermai un istante a riflettere sul tempo, sul risparmio del mio tempo. Ho sempre pensato che fosse in assoluto la cosa più preziosa che possediamo, il dono più grande che abbiamo ricevuto, il tempo è vita. Il tempo non si compra, e ogni attimo che ci troviamo a vivere è unico e irripetibile.

Impiegandoci la metà rispetto a prima a svolgere il mio lavoro da studentessa, era come se le ore nelle mie giornate si moltiplicassero, come se potessi in questo modo vivere il doppio del tempo, includere altre attività, potermi dedicare di più alle persone che amavo. Avrei potuto studiare non solo le nozioni che avevano a che fare con gli esami, ma scoprire nuovi mondi, avere nuove conoscenze.

Ero assolutamente affascinata, felice e soddisfatta di aver colto quell'opportunità, per aver detto "Sì!" anche questa volta. Grazie alle tecniche di apprendimento avanzato la mia percezione era cambiata, prima lo studio era più un dovere, ora stava diventando leggero, piacevole e stimolante per l'efficacia che ne derivava.

Già avevo immaginato quanto mi avrebbero ringraziato i miei figli quando, da avvocato o giudice, sarei potuta rientrare prima a casa avendo terminato in anticipo il lavoro giornaliero di pagine, pagine e pagine di faldoni da studiare e analizzare.

Conclusasi la settimana, per qualche imprevisto le 700 pagine le finii in 8 giorni e all'esame ne mancavano ancora 5. Non ci credevo ancora nemmeno io; non mi era mai successo di sapere perfettamente ogni cosa per un esame e di aver finito di prepararlo 5 giorni prima dell'appello, e mi scappò un sorriso a 32 denti. Che felicità.

Dedicai quei 5 giorni a me stessa, qualche lavoretto, qualche aiuto ai compagni in difficoltà e nell'ultimo giorno che precedeva l'esame ritagliai 2 ore per fare un bel ripasso delle mie mappe.

Ogni informazione mi tornava, era come una magia avvenuta dentro di me e nel mio modo di apprendere.

Una delle altre cose che mi aveva stupita è che non vedevo l'ora che arrivasse il giorno dell'esame. Nessun "interrogatorio" avrebbe più potuto preoccuparmi.

Il giorno tanto atteso arrivò. Precedentemente la sveglia sarebbe suonata almeno un'ora in anticipo per fare l'ultimo ripasso flash prima di recarmi all'università, quella volta invece squillò per darmi giusto il tempo di prepararmi e arrivare puntuale. Ero rilassata.

All'appello eravamo prenotati in 58, in aula si presentarono circa una trentina di persone, io ne avevo almeno 10 davanti prima che fosse il mio turno. Anche qui i compagni che passarono prima di me per la maggior parte dei casi non avevano facce molto felici e soddisfatte per il voto, tranne la secchiona di turno che ormai aveva come fidanzato un bel codice civile e i soliti due o tre super intelligenti con un quoziente intellettivo nettamente sopra la media. Per noi comuni mortali invece, si sa, è tutta un'altra storia.

Ero sorpresa, l'ansia e la confusione pre-esame non riuscivo a provarle neanche se mi sforzavo, neanche se le cercavo, mi avevano felicemente abbandonata. Ero sicura di sapere bene gli argomenti, quindi di cosa avrei dovuto aver paura?

Hai paura in questi momenti quando ti senti confuso, quando non hai la certezza di essere preparato al 100% o credi di poterti dimenticare ciò che hai studiato.

Quindi il punto è che l'ansia ti viene per la maggior parte dei casi quando sai di non essere abbastanza pronto, non è qualcosa con cui sei nato.

Era il mio turno, mi recai verso la cattedra e mi sedetti davanti al professore indossando il mio miglior sorriso e salutando con un caloroso tono di voce: rimase già impressionato da questo, dal non avere di fronte a sé una foglia tremolante come capitava spesso.

Venti minuti di colloquio, due domande a cui avevo saputo rispondere bene, due casi pratici da sciogliere: il primo risolto come – confessò il docente – avrebbe fatto anche lui, il secondo completato, ma con delle mancanze, non alla perfezione. Poi mi liquidò con 30 e lode.

"Non perfetta del tutto, ma sono rimasto impressionato dalla sicurezza che mi ha trasmesso e dalla sua capacità espositiva, non ha mai esitato, quindi 30 e lode". Questo fu il commento.

Come risuonava bene questa parola nella mia testa: sicurezza. Era forse la prima volta che provavo totalmente questa sensazione durante un esame.

Hai capito bene, non serve essere perfetti, ciò che conta è essere preparati e padroneggiare al meglio le nozioni acquisite.

E non mi ero sentita sicura solamente durante la prova orale, ma nella preparazione, nel percorso vissuto per ottenere quel voto. Ciò di cui ero sorpresa non era solo quel risultato, ma il "viaggio" dei giorni precedenti, le emozioni di serenità provate, una leggerezza mai avuta prima nello studio.

Lì capii quanto la felicità e la soddisfazione non possano mai essere un obiettivo, ma debbano essere sempre parte integrante dei nostri percorsi. Non qualcosa da raggiungere chissà quando, ma qualcosa che dobbiamo essere in grado di provare ogni giorno, creandoci le condizioni migliori affinché questo si realizzi.

E a questo esame ne seguirono tanti altri, non sempre con 30 e lode, ma con poco tempo di studio e ottimi risultati. Il terzo anno lasciò spazio al quarto, mi stavo appropinquando verso il termine dei cinque infiniti anni accademici.

Dopo quel corso sull'apprendimento avanzato non riuscii più a staccarmi dal continuare a formarmi e migliorare ogni giorno di più in questo, continuando a frequentare corsi su corsi in diverse città, sulla comunicazione e sullo sviluppo personale.

Ci avevo preso gusto, volevo completare il mio bagaglio esperienziale e di competenze che né la scuola né l'università mi avevano mai trasmesso, ma che avevo capito finalmente essere necessarie per diventare la professionista e la persona che iniziavo a sognare.

Una delle cose che mi faceva stare bene era dare a tante altre persone (amici, parenti, conoscenti e non) la stessa opportunità che quel ragazzo, quel giorno, alle macchinette del caffè dell'università, diede a me.

Amavo continuare a ottenere risultati in modo rapido e amavo vedere che altre persone, attraverso di me, potevano fare lo stesso. Parlavo di questo metodo condividendo i risultati che dava con chiunque.

Come avrei potuto rimanere indifferente nel vedere i miei compagni continuare a impazzire sui libri?

Forse il mio voler essere la Sailor Moon della situazione non consisteva più nel difendere i buoni dai cattivi, ma nel dare alle persone che desideravano migliorare nella propria vita l'opportunità di conoscere strumenti innovativi.

Nei successivi corsi che feci mi resi conto di quanto l'università, da quell'istante, non avrebbe potuto fare altro che rappresentare solamente un piccolo spicchio della mia vita, e non occuparne intere giornate.

Stavo scoprendo un mondo totalmente nuovo e meraviglioso: quello della formazione personale. Capii l'importanza di questa in particolar modo dopo aver letto un articolo di giornale che narrava alcune vicende rispetto ai neo-laureati in Italia.

Raccontava del fatto che una buona parte di questi si trovava o a fare un lavoro precario mal retribuito, o qualcosa di non inerente a ciò per cui aveva studiato, oppure era addirittura disoccupata.

Diciamo che guardandomi un po' intorno non mi sorprese più di tanto questa notizia. Mi era capitato di conoscere diverse persone che potevano tranquillamente rispecchiarsi in queste situazioni, alcune di esse laureate con buoni voti e in tempo, però leggerlo nero su bianco era stata una forte conferma.

Tra le righe di questo articolo, pur riconoscendo la negatività della notizia, vidi un'opportunità. La laurea ancora non ce l'avevo ma l'avrei conseguita di lì a poco, e trovarmi in quelle categorie non era assolutamente nei miei piani. Cinque anni di studio per

45

mettermi poi a fare qualcosa che non mi soddisfaceva? No, grazie.

Iniziai a focalizzarmi sulla restante parte, su chi invece aveva ottenuto qualcosa di differente, qualcosa di più. Cosa facevano questi di diverso? Quella sera non riuscii a prendere sonno, accesi il computer e cercai di comprendere un po' meglio cosa ci fosse dietro quell'articolo di giornale, e quale potesse essere il mio piano per distinguermi.

Trovai ripetutamente, in interviste rilasciate da grandi imprenditori e persone di successo, che ciò che viene richiesto oggi per ottenere una buona posizione di lavoro non è più solamente una laurea, ma le *skills*, abilità, capacità.

Ma abilità in cosa? Un atteggiamento mentale vincente, una comunicazione chiara ed efficace, saper lavorare in squadra, risolvere in fretta i problemi, saper gestire le proprie emozioni lasciando fuori dalle mura aziendali i problemi personali, avere un'efficienza mentale che ti permetta di aggiornarti velocemente. Questo era ciò di cui si parlava.

Fino a quarant'anni fa, se avevi una laurea ti venivano a cercare a casa per proporti un lavoro, oggi dobbiamo riconoscere che non è più così; oggi la laurea ce l'hanno moltissime persone, non rappresenta più un elemento distintivo.

Ai tempi dei genitori dei miei nonni ti distinguevi semplicemente per il fatto di saper leggere e scrivere, se eri alfabeta avevi opportunità migliori.

Oggi neanche una laurea ti basterà per differenziarti, ti servono le *skills*.

Le cose sono cambiate e cambiano sempre più velocemente e tante persone si trovano a non avere un lavoro o a svolgerne uno precario perché non sono focalizzate sullo sviluppare nuove abilità.

La maggior parte delle persone tra i 18 e i 35 anni ciò che si chiede più spesso è: "Cosa posso fare nella mia vita?".

Esperienze all'estero, cercare un lavoro fisso, proseguire l'attività della mia famiglia, crearne una mia, aspettare che qualcuno mi venga a bussare alla porta oppure, semplicemente, ma sì, c'è ancora tempo.

Queste sono su per giù le risposte medie. Ora il mondo invece è un'altra la domanda che ti fa, ti chiede: "Chi vuoi essere nella tua vita? Quale valore aggiunto rappresenti per gli altri e per il mercato?".

Concentrati su te stesso, sulla persona che vuoi essere oggi e su quella che vuoi diventare domani.

Non c'è bisogno di persone che si occupino solamente di fare, ma di persone che prima di fare si chiedano quali valori e competenze vogliono mettere in campo e cosa con queste vogliono realizzare.

Sono un po' dell'idea che se tu sei un certo tipo di persona, se hai specifiche caratteristiche e determinate abilità, puoi pensare di fare e progettare qualsiasi cosa.

Però dobbiamo partire da qui. Prova a immaginare di costruire un immenso grattacielo con i materiali migliori in commercio e con gli architetti e ingegneri migliori, su bellissime fondamenta di fango.

Il fatto che fuori appaia un edificio incantevole non basterà a tenerlo su per molto tempo. È su quello che c'è sotto che dobbiamo impegnarci a migliorare, su quelle che sono le nostre fondamenta, i nostri principi, i valori in cui ci vogliamo rispecchiare e di cui siamo fieri ogni mattina guardandoci allo specchio.

Dobbiamo chiederci che cosa vogliamo ci renda solidi, cosa vogliamo che ci dia la forza di alzarci ogni volta raccogliendo qualcosa da terra, che valore aggiunto vogliamo portare al mondo. Di una cosa ero certa, che per portare un concreto cambiamento non mi sarebbe bastata la laurea, dovevo concentrarmi sul crescere io come persona.

Credo che ognuno di noi debba conoscersi un po' di più, ascoltarsi almeno 10 minuti al giorno. Prenditi 10 minuti per te, chiudi gli occhi, percepisci l'aria che entra ed esce dal tuo corpo, focalizzati su ciò che vuoi, su ciò che finora hai creato, su come vuoi che gli altri ti vedano e ti descrivano.

Prova a guardarti da fuori per qualche istante e chiediti come si comporterebbe la persona che vuoi essere.

RIEPILOGO DEL CAPITOLO 2:

- SEGRETO n. 1: se prendi consapevolezza della tua immensità tutto diventa più semplice, quando ti senti grande ogni problema appare più piccolo.

- SEGRETO n. 2: apprendere, senza un metodo, può diventare un dramma; con un metodo efficace può diventare un gioco. Il risultato è avere più tempo per vivere. Per comprenderne ancora di più l'importanza:

  http://www.memoryup.it/quanto-tempo-vivi/.

- SEGRETO n. 3: per avere successo nel lavoro non chiederti "Cosa voglio fare nella vita?", ma chiediti "Che valore aggiunto voglio portare agli altri e sul mercato?".

- SEGRETO n. 4: fai in modo che la soddisfazione sia sempre parte integrante del tuo percorso, crea le condizioni per esserlo ogni giorno.

- SEGRETO n. 5: occupati di essere, di formarti, di sviluppare nuove abilità: non tutto ciò che ti servirà te lo insegneranno a scuola.

CORRI A INTEGRARE LE TUE RISPOSTE ALLE
"DOMANDE GUIDA" ALLA FINE DEL LIBRO!

Capitolo 3:
L'atteggiamento ti rende differente

Ero a spasso per le strade del centro della mia città, nella via principale, uno dei tanti lunedì mattina in cui c'è chi va a scuola e chi a lavoro.

Stavo camminando in mezzo a una moltitudine di persone e a un certo punto scelsi di stamparmi sul volto un grande sorriso. Con questo, iniziai a guardare in faccia ogni persona che incrociavo, fissandola negli occhi. Cos'è accaduto?

Le persone si dividono talvolta in due categorie: c'è chi ha bisogno di capire, riflettere e vive con un'innata sensazione di scetticismo nelle vene, e chi agisce sulla linea delle emozioni che prova, che sente nella pancia, senza troppa razionalità.

Ecco, in questa specifica situazione, c'è stato infatti chi ha iniziato a guardarmi come se fossi un'aliena, e chi invece ha ricambiato con un sorriso ancora più grande. La percentuale tra le due? Non la so con certezza.

Mi piace pensare che tutte le persone a cui scegli di donare il tuo sorriso si ricorderanno per molto tempo di te, rimembreranno quell'attimo in cui il loro cuore è stato scaldato dal tuo.

Non conosciamo la storia di ogni persona che incrociamo per le vie del centro, ma so con certezza che dopo quel momento la giornata di quella persona un po' cambierà.

Non sappiamo se prima di incrociarci la sua giornata fosse buona oppure no; non sappiamo se crede nelle persone e se ha fiducia in loro, se pensa che il mondo sia ingiusto oppure il contrario. Non lo sappiamo.

Ricevere un sorriso, un gesto incondizionato da una persona che per strada non conosci, può donare uno spiraglio di luce, può farti sentire che le cose in fondo non vanno così male, che di persone di cuore ce ne sono e non sono poi così tanto distanti da te.

Potrebbe non significare nulla, oppure potrebbe cambiare la tua giornata, potrebbe cambiare qualcosa dentro di te, potrebbe accenderti.

Potrebbe succedere che il giorno dopo, uscendo per strada, sia tu a scegliere di donarlo a qualcun altro, in modo incondizionato, per contribuire a migliorare la giornata di un'altra persona, così com'è accaduto a te.

Ciò che crea questo meccanismo è potente, il fatto che partendo da un tuo gesto ora ci siano per le strade della città persone che lo donano ad altre, e ad altre ancora, è potente. Dove arriverà il tuo sorriso? Dove vuoi che arrivi?

Avevo compreso quanto contasse per me essere un interruttore nella vita delle persone, quanto per me fosse importante accenderle, e quanto questo mi facesse sentire bene.

Mi accorsi che qualcosa nella visione del mio futuro stava cambiando, forse il ruolo che avrei voluto rivestire si stava trasformando.

Mi iniziava a piacere l'idea di essere la persona che aiutava gli altri ad affrontare i problemi in maniera diversa, trasmettendo loro l'importanza di avere un atteggiamento positivo nei confronti della vita.

Non avevo ben chiaro come agire concretamente, ma una cosa era nitida: volevo fare qualcosa che avesse a che fare con il miglioramento e la crescita interiore delle persone. Le aule di tribunale, dopo l'esperienza di uno stage, capii che mi stavano un po' strette e le persone che si scontravano tra di loro ancor di più. Iniziai quindi un percorso di collaborazione nell'azienda dove avevo fatto il corso.

Desideravo ripartire da me, migliorare me *in primis*, avere un atteggiamento mentale migliore giorno dopo giorno.

L'atteggiamento è un po' come un asso nella manica che a volte però facciamo fatica a tirare fuori, ignorando che è il vero ingrediente segreto per migliorare da subito la nostra performance in qualunque settore.

Ma facciamo un passo indietro, perché ci sono altri 3 fattori che influenzano la tua performance:

1) Conoscenza, competenza: è tutto ciò che si può acquisire tramite libri, corsi e studio; è qualcosa che richiede quindi risorse e tempo per poterlo fare al meglio. Competente in una materia non lo si diventa dall'oggi al domani insomma.

2) Esperienza: sono tutte le volte in cui sei caduto e ti sei rialzato raccogliendo qualcosa da terra; sono i momenti in cui hai sperimentato, ti sei messo in gioco, ti sei trovato a dover affrontare certe situazioni e risolverne e gestirne altre. Anche per questa occorre del tempo.

3) Talento: o ce l'hai o non ce l'hai. Rappresenta quelle caratteristiche che ti ha donato la natura, che potremmo definire innate. Se non le possiedi, l'esperienza e la conoscenza possono darti una mano.

Conoscenza + Esperienza + Talento = Potenziale.

Questi tre fattori rappresentano il potenziale che ognuno di noi ha, ma il nostro risultato finale, la nostra performance, non è solamente la sommatoria di queste tre cose, c'è di più.

Performance =
(Conoscenza + Esperienza + Talento) x Atteggiamento.

L'atteggiamento è quella variabile che determina in modo massiccio il risultato, che moltiplica ciò che è frutto della tua conoscenza, esperienza o talento: moltiplica il tuo potenziale.

Dipende sempre e solo da te, e può essere messo in campo fin da subito. Non serve tempo, né libri, né nient'altro per scegliere di avere un ottimo atteggiamento nei confronti della vita. Puoi farlo già da ora.

Vediamo in che modo trasforma e determina la performance di una persona. Prendiamo l'esempio di uno sportivo (scegline uno del tuo sport preferito) abbastanza competente, con esperienza, perché magari da alcuni anni fa quello sport, e con poco talento.

Dandogli dei voti su scala da 1 a 10:

1° sportivo:

Competenza (7) + Esperienza (7) + Talento (5) = Totale 19.

Ora prendine invece uno che ha molte competenze, ha parecchia esperienza, e molto talento.

2° sportivo:

Competenza (9) + Esperienza (8) + Talento (8) = Totale 25.

Supponiamo che, in questo esempio specifico, il primo sportivo di cui stiamo parlando, su scala da 1 a 10, scelga di mettere in campo atteggiamento (10), il secondo invece ci mette atteggiamento (4). Tenendo presente che l'atteggiamento moltiplica il nostro potenziale:

1° sportivo:

19 x 10 = 190

2° sportivo:

25 x 4 = 100

Non sempre tuttavia chi ha meno talento ha un atteggiamento migliore come in questo esempio, ma vediamo qual è il punto della questione.

Ciò che è più determinante non è il potenziale ma l'atteggiamento, è questo che fa di te la persona che sei e i risultati che hai.

E a volte per avere risultati straordinari non ti serve conoscere ogni cosa, avere anni e anni di esperienza o un grande e innato talento.

La tua performance può arrivare alle stelle se ci metti un atteggiamento straordinario. Ti serve:
- crederci
- essere determinato
- essere disposto a tutto per andarti a prendere ciò che vuoi
- essere focalizzato
- non avere limiti nell'agire
- umiltà
- essere felice anche nello sbagliare

- essere il primo che arriva e l'ultimo che se ne va
- fare le cose come se gli altri ti stessero sempre guardando
- contribuire alla crescita di chi è al tuo fianco
- saper lavorare di squadra
- trovare soluzioni laddove sembra che non ce ne siano
- essere la miglior versione di te stesso
- lavorare sodo
- ringraziare per ciò che hai
- non essere mai stanco d'imparare
- essere protagonista
- avere fame di risultati.

Sviluppare un atteggiamento mentale vincente è una delle prime abilità che ti rende differente nel mondo là fuori, dove la maggior parte delle persone passa il tempo a lamentarsi e a parlare di ciò che non va.

Non risolve nulla parlare di ciò che non va, l'unico risultato che dà è quello di sottrarti energie e distoglierti dal focus su ciò che invece puoi realizzare.

Parlare di quanto la politica o le condizioni ambientali stiano andando a rotoli non è utile, sono argomenti su cui il nostro potere di influenza come individui singoli sarà sempre minimo.

È più utile occuparsi di cose in cui davvero possiamo fare la differenza come singoli.

L'atteggiamento è una tra le prime *skills* apprezzate nel mondo del lavoro, eppure all'università, che dovrebbe essere il percorso di studi introduttivo, alle volte se ne parla troppo poco.

Non è comune trovare corsi di laurea o lezioni specifiche capaci di formarti su come affrontare la vita, sull'atteggiamento che ti permette di realizzare i tuoi obiettivi, sulle caratteristiche che è importante sviluppare e che ti consentiranno di ottenere risultati semplicemente perché "sei" un certo tipo di persona.

Ci sono fiumi su fiumi di nozioni, libri, generalmente poca pratica e pochi progetti lavorativi inseriti di default nel piano carriera, e quando finisci gli esami: Bam! Benvenuto nel mondo del lavoro!

Tendenzialmente il tempo, durante il percorso universitario, è poco per averne da dedicare alla propria crescita personale, e lo studio finisce per riguardare principalmente le materie d'esame.

Conseguita la laurea, se non hai sviluppato caratteristiche di leadership, comunicative, team-work, se non sai ascoltare, se non hai una grande autostima, se non sai mettere in pratica ciò che hai studiato, il mondo ti mangia in un sol boccone.

La laurea con il massimo dei voti è solo uno dei punti a tuo favore a un colloquio di lavoro, ma non è sempre ciò che fa la netta differenza, eppure il sistema formativo universitario è spesso più focalizzato sulle nozioni che sulla crescita personale dell'individuo.

Ricordo come fosse ieri un esame dato il terzo anno di legge dal titolo Diritto dei Paesi africani. Con il massimo rispetto per le tradizioni di questi Paesi, studiare 780 pagine di un esame del genere rafforza di certo la tua cultura, ma a livello pratico?

Potrebbe non rivelarsi realmente efficace in termini di priorità di cose da conoscere per avere una vita più semplice in ambito lavorativo. E questo è solo un esempio.

Certo è che più informazioni si conoscono meglio è, ma siccome dobbiamo a un certo punto iniziare a ragionare per priorità, visto che il nostro tempo non è infinito, sarebbe importante che da ogni percorso universitario uscissero delle persone che hanno sviluppato molteplici abilità, non solo conoscenze legate a infinite materie.

La laurea in alcuni casi è un elemento in più, in altri è assolutamente indispensabile. Se vuoi diventare un medico, ad esempio, è il primo requisito essenziale. Ma per diventare un medico apprezzato e amato dai propri pazienti?

A una mia amica tempo fa hanno diagnosticato una patologia all'apparato digerente che avrebbe comportato cure molto pesanti e tantissime rinunce a livello alimentare, il tutto comunicato con un tatto veramente pari a zero. Come se lo stessero dicendo a un robot privo di emozioni.

Anche per questo credo che per eccellere nella vita e nel lavoro la laurea non ti basti.

La possibilità di scoprire il mondo della formazione personale mi era stata aperta dalle tecniche di apprendimento, grazie a quel corso mi si accese la lampadina, grazie a quel metodo ho avuto una valanga in più di tempo da dedicare alla mia persona e alla mia crescita.

Imparare molte informazioni in poco tempo e ricordarle a lungo termine, avere quindi un'ottima efficienza mentale, era anche questa una *skill*, una capacità che ancora in pochi (purtroppo) possiedono, sicuramente un elemento distintivo.

Ancora una volta dovevo dire grazie a quel ragazzo delle macchinette del caffè. E allora quali caratteristiche è importante sviluppare per distinguersi? E come?

Condivido con te un esercizio molto semplice che ha fatto totalmente la differenza per me. Rispondi a questa domanda: "Con quali caratteristiche vorrei che le persone mi descrivessero?

Quindi, come vorrei essere?". Prendi ora un foglio bianco e una penna, stila la tua lista, scrivine 10.

Esempio:
- sicuro
- determinato
- amorevole
- entusiasta
- solare
- disciplinato
- coerente
- generoso
- impattante
- empatico.

Ora piega il pezzo di carta e mettilo nel tuo portafoglio, ti servirà avere questa lista sempre con te. Dovrai leggere le tue 10 caratteristiche ogni mattina appena ti svegli, per 30 giorni consecutivi, sabato e domenica inclusi.

Dopo averle lette dovrai, di giorno in giorno, sceglierne due o tre (non sempre le stesse ovviamente) e metterle in pratica. Oggi scelgo di voler sviluppare la sicurezza. Cosa posso fare per sentirmi più sicuro oggi? E il gioco sta nel crearsi le condizioni per vivere una situazione in cui ci sia bisogno di mettere in gioco questa caratteristica.

Esempio. Sono all'università e il docente chiede chi si vuole offrire volontario per spiegare il proprio progetto ai compagni. Il primo pensiero potrebbe essere quello di far finta di cercare qualcosa nella tua borsa, oppure simulare uno svenimento.

Ma tu, proprio tu, hai scelto che quel giorno avresti voluto sentirti sicuro, quindi cosa fai? Senza pensarci alzi la mano e ti dirigi con fare risoluto verso la cattedra, di fronte ai tuoi 150 compagni. Solo quando sei lì, realizzi che hai molti più colleghi di quelli che hai sempre pensato.

Un qualsiasi altro giorno non ti saresti messo in gioco, ma hai scelto di voler essere migliore giorno dopo giorno, e quindi ora ti ritrovi lì a parlare. E quando torni a posto, probabilmente non sai benissimo che cosa hai raccontato, ma una cosa è certa: stai meglio. Ti senti meglio perché nel fare quell'azione, che ti ha portato a uscire dalla tua zona di comfort, sei cresciuto.

Ti senti fiero di te, come se fossi tornato a posto con una medaglia d'oro alle Olimpiadi, ma è la giusta ricompensa per esserti buttato.

Lo stesso giorno, oltre a sentirti sicuro, facciamo finta che vuoi migliorare anche la tua empatia con gli altri. Esempio: fermata del pullman, ci sono alcune persone vicino a te. Normalmente saresti stato con le cuffiette o a fissare la direzione di arrivo del tram, ma oggi no.

Oggi scegli di iniziare ad attaccare bottone con la persona che sta aspettando il pullman con te (il ragazzo delle macchinette sarebbe stato il numero uno in questo).

E cosa le dici? Non serve iniziare con discorsi filosofici per suscitare l'interesse di una persona, puoi chiedere se anche lei sta aspettando lo stesso pullman, se è la prima volta da quelle parti, o ciò che ti viene in mente. E per esperienza personale, anche partendo da domande banali, se indossi un bel sorriso, a volte accade che dopo pochi minuti ti ritrovi a conoscere la storia della vita di quella persona, e non perché tu gliel'abbia chiesta.

L'obiettivo è quello di creare una mini conversazione, entrare in empatia con uno sconosciuto, superare i tuoi limiti in questo, perché magari sei abituato a parlare principalmente con persone che già conosci. E facendolo sei di nuovo uscito dalla tua zona di comfort, sei cresciuto, hai fatto qualcosa di diverso, stai meglio.

Quasi mai compiere delle azioni nuove sarà automatico, a volte neanche semplice, perché si rimane legati, soprattutto all'inizio, alle vecchie abitudini. A volte non avrai voglia di metterti in gioco su cose diverse, non ti verrà spontaneo.

È proprio qui che comincia l'esercizio, e qui devi far finta di essere un attore, devi recitare. Se quel giorno non ti senti sicuro dovrai fingere di esserlo, compiendo un'azione che sia in linea con questa tua nuova attitudine; se quel giorno hai la luna storta e hai scelto di sviluppare la tua generosità dovrai fingere questo, dividendo magari il tuo pasto con un amico.

Non dovrai mollare neanche uno dei 30 giorni se vuoi che quelle caratteristiche siano tue per sempre. Recitando a volte ti troverai magari a non sentirti te stesso, a fare delle azioni che non corrispondono a ciò che avresti fatto spontaneamente.

Qui chiediti se sia meglio continuare a non possedere quelle caratteristiche sentendoti te stesso, oppure scegliere di metterti in gioco, crescendo giorno dopo giorno, pur se questo alle volte ti allontanerà dalla tua naturalezza e ti farà sentire un attore.

E qui ti svelo un segreto, ma mi raccomando non dirlo a nessuno. Cos'è in fondo essere sé stessi se non la sommatoria di tutto ciò che abbiamo visto, sentito o imparato nella nostra vita, e scelto di emulare?

Ciò in cui credi, ciò che ti piace e ciò che non ti piace, ciò che sai fare e ciò che pensi di non saper fare, forse in piccola parte è questione di Dna, ma ti assicuro che per la maggior parte è questione di ciò che hai imparato negli anni, in casa, a scuola, con le persone che hai frequentato più spesso.

La cosa bella è che se ciò che sei è dipeso da ciò che hai imparato, puoi scegliere di imparare cose nuove. Nuovi pensieri, nuove abitudini, nuove azioni, e di conseguenza potrai finalmente ottenere nuovi risultati.

Sai cosa ti dico? Voglio essere schietta con te e forse questo messaggio non ti piacerà. Penso che se ancora non sei la persona che vuoi diventare è solo perché ti ha fatto comodo così, sei stato piuttosto pigro (da una parte ti capisco, cambiare in passato spaventava tanto anche me) e sinceramente non è mio intento convincerti del fatto che, se ti andassi a prendere ciò che meriti, la tua vita migliorerebbe istantaneamente. Penso tu lo sappia già.

Devi solo scegliere se essere tra le tante persone che, arrivate a un certo punto, spiegano come mai non hanno ottenuto ciò che volevano adducendo centinaia di scuse (molte anche comprensibili) oppure essere tra quelle poche persone che, arrivate a un certo punto, spiegheranno come hanno ottenuto il loro successo nonostante le tantissime sfide e difficoltà che hanno dovuto superare.

La cosa meravigliosa è che se farai bene quest'esercizio per 30 giorni, scegliendo ogni giorno due o tre caratteristiche diverse che vuoi allenare, compiendo azioni, arriverai alla fine del mese che la trasformazione sarà avvenuta. Starai così tanto bene, ti sarai esercitato così tanto a sviluppare ciò che vuoi essere, da non voler più tornare indietro. Quelle caratteristiche saranno tue, e quasi ti sembrerà che lo siano sempre state.

Questa è un'altra capacità non da tutti, riuscire a mettersi in gioco per migliorarsi, allenare le caratteristiche con cui vorresti essere descritto.

E dopo un mese, dai un foglio bianco e una penna a una delle persone che frequenti quotidianamente, chiedile di descriverti in 10 caratteristiche che hanno visto in te negli ultimi 30 giorni. Rimarrai molto sorpreso da questo, ne vedrai delle belle.

RIEPILOGO DEL CAPITOLO 3:

- SEGRETO n. 1: il tuo sorriso può accendere le persone. Cammina sorridendo.

- SEGRETO n. 2: l'atteggiamento è il tuo asso nella manica, moltiplica i tuoi risultati, è ciò che fa la differenza nella tua performance.

- SEGRETO n. 3: dedica il tuo tempo alle cose che hai il potere di migliorare concretamente.

- SEGRETO n. 4: formati come persona, l'atteggiamento mentale e il giusto metodo per imparare ti distingueranno dalla massa.

- SEGRETO n. 5: scrivi ora le dieci caratteristiche con cui vorresti essere descritto e mettile in campo ogni giorno.

CORRI A INTEGRARE LE TUE RISPOSTE ALLE "DOMANDE GUIDA" ALLA FINE DEL LIBRO!

Capitolo 4:
Qual è il tuo perché?

Mi trovavo a parlare davanti a una platea di persone, di fronte a volti mai visti prima, ma che allo stesso tempo mi sembrava di conoscere da sempre.

Sguardi fissi su di me, concentrati su ciò che stavo loro comunicando. Alla lavagna disegni di mappe mentali, e ognuno impegnato nel crearne una da un proprio testo, facce felici nel vedere semplice la comprensione di tanti concetti.

Sguardi gioiosi, come se avessero appena scoperto di essere ricchi, di possedere un grande tesoro dentro di sé.

Domande di curiosità, applausi esercizio dopo esercizio, musiche di sottofondo, persone di ogni età che si confrontavano tra di loro, divertimento a più non posso.

Lo stupore negli occhi delle persone che acquisivano la consapevolezza di avere appena memorizzato in pochi minuti quello che fino a poco prima ritenevano impossibile.

Professionisti che da anni tentavano di imparare questo benedetto inglese, avendo perso ormai le speranze, improvvisamente riaccesi dalla voglia di raggiungere tale obiettivo, dopo aver memorizzato in pochi minuti 50 vocaboli di sette lingue straniere diverse, ricordandoli tutti.

Era un posto luminoso, c'era tanta luce, gran parte di questa portata dai sorrisi delle persone che erano lì, sedute su quelle sedie di fronte a me. E io, proprio io, la fautrice del loro cambiamento. Che meraviglia. La sveglia suonò. Un sogno, solo un sogno, a cui però ripensai spesso durante la giornata.

Sembravo essere nelle vesti di una docente, ma non di qualche scuola o università. La classe era eterogenea: bambini, ragazzi, professionisti, erano tutti lì insieme per imparare.

Era qualcosa di differente, si respirava moltissimo entusiasmo, energia, felicità nel vedere subito i risultati degli esercizi che stavamo facendo insieme. Risultati di risparmio di tempo nell'imparare, nel ricordarsi informazioni complicate divertendosi, nell'accrescere la qualità e la padronanza delle proprie conoscenze, e migliorare ora dopo ora l'immagine di sé stessi.

Era come se in quel sogno mi fossi catapultata al corso di apprendimento che feci qualche tempo prima, era tutto molto simile (forse nel mio sogno ancora più grande) ma invece di essere seduta ad ascoltare ero dall'altra parte, di fronte a un pubblico, che tra l'altro sembrava anche felice di seguirmi. Fantastico. Aveva lasciato una grande emozione dentro di me.

Ce l'hai un posto segreto? Uno di quei luoghi che in realtà non conosci solo tu, ma che senti un po' tuo, in cui ti piace andare a pensare, a riflettere, uno di quei luoghi in cui ti rechi prima di prendere una decisione importante? Ce l'hai?

Il mio non distava troppo da casa, si trovava su una collinetta dalla quale si poteva ammirare gran parte del paesaggio del mio paesino, dove non c'era mai nessuno, solo uccellini e qualche panchina qua e là, sempre vuota, forse era segreto davvero.

Dopo il sogno di quella notte feci colazione velocemente e mi incamminai verso il mio posto segreto, sentivo il bisogno di stare un po' con lui.

Mi sentivo come di fronte a un bivio, era uno di quei momenti in cui si tiene un po' il piede in due scarpe. Stavo proseguendo su due percorsi, quello universitario e quello nell'ambito della formazione, totalmente differenti, e li stavo portando avanti entrambi, nell'attesa di un segno dall'universo che mi facesse capire cosa potesse essere meglio per me, se diventare un noto magistrato o dedicare il mio futuro all'ambito della formazione.

E quando senti di essere a un crocevia su qualche decisione che è importante prendere, devi necessariamente scegliere una delle due direzioni, non puoi rimanere lì fermo. Se continui a rimandare la tua scelta resti lì, consapevole che puoi andare avanti solo se imbocchi una delle due strade. Decidere, scegliere, tagliare fuori qualcosa, mai stato più complicato.

76

Quanto ti senti paralizzato alle volte nel non sapere cosa scegliere? Quanto ti senti confuso nel non sapere come andranno le cose? Quanta paura hai di intraprendere la strada sbagliata?

Era alquanto complesso, ma era arrivato l'esatto momento in cui mi ero convinta a dare una svolta, a scegliere cosa fare concretamente. Il dubbio era se continuare a prendere decisioni in base al percorso universitario già scelto, oppure se decidere guardando al futuro, non in base a ciò che avevo già fatto, ma in base a ciò che avrei voluto fare e che mi faceva battere il cuore.

Dentro di me c'era una grande voglia che il sogno di quella notte diventasse realtà, volevo viverle davvero tutte quelle emozioni, volevo realmente dare un valore alle persone e trasmettere loro ciò che avevo imparato, o meglio, ci volevo provare. Dentro di me maturava sempre di più un desiderio.

Volevo finire gli esami e poi buttarmi a capofitto in questa nuova avventura, creando un qualcosa che potesse farmi realizzare il sogno di quella notte.
Volevo però essere ben sicura di questa scelta, volevo capire

quale fosse il mio perché, ciò che realmente mi muoveva. Per realizzare qualcosa di grande è di un gigantesco "Perché" che abbiamo bisogno, ci serve per superare le difficoltà, per fare azioni, per continuare anche quando siamo stanchi, per darci ogni giorno la forza.

In molti casi, però, manca questo forte motivo, questo forte perché, e si finisce per fare percorsi, di studio o lavorativi, o per esclusione di altre cose che non ci piacciono o in base a ciò che si trova, senza troppe pretese.

Credo una cosa su tutte, che la vita scorre troppo in fretta per impiegare le nostre giornate nel fare ciò che capita, ciò che non ci soddisfa e non ci fa andare a letto la sera con un grande sorriso sulle labbra, credo che non siamo nati per questo, ma per qualcosa di più grande.

Dobbiamo trovare ciò che ci fa battere il cuore, non possiamo darci pace se non l'abbiamo trovato, dobbiamo continuare a cercare, a costo di star svegli la notte e cambiare percorso di studio o lavoro cento volte.

Dobbiamo essere dei cacciatori di svolte nella nostra vita, dobbiamo scorgere dentro di noi ciò che ci appassiona, che ci fa provare adrenalina, dobbiamo cercare questo in ogni cosa.

Dobbiamo essere attenti ai segni che l'universo ci dà, dobbiamo essere pronti a cogliere ogni opportunità che crediamo possa essere buona per noi.

Lasciamo andare la paura di tentare cose a noi ancora sconosciute, buttiamoci in nuovi progetti, facciamo nuove esperienze, cerchiamo il nostro posto nel mondo, formiamoci.

Condivido con te il modo più efficace che ho utilizzato per scegliere realmente la mia strada, per trovare il mio grande perché. Dopo questo esercizio, scegliere quale direzione prendere al bivio è stato semplice.

L'obiettivo sarà quello di comprendere se quello che attualmente stai facendo nella tua vita, che sia un percorso di studio o lavorativo, sia realmente qualcosa che ti appassiona, qualcosa che è nelle tue corde, qualcosa che fa per te. Capirai se dietro ciò che fai c'è un grande "Perché" oppure no, se ti fa stare davvero bene.

Dovrai interrogarti rispetto a ciò che fai o che vorresti fare, dovrai rispondere a una serie di "perché", finché non riuscirai più ad andare avanti nel trovare nuove risposte. Ogni nuovo perché sarà un approfondimento di quello precedente, dovrai fermarti nel momento in cui senti di non trovare un perché diverso e più grande di quelli già emersi.

Analizza le due o tre cose che ti piacerebbe realizzare e confronta il perché finale di ognuna, scegliendo quello che senti più forte e più tuo. Sii onesto con te stesso.

Per capirci meglio ti faccio il mio esempio:
- Voglio diventare magistrato (ciò di cui ero convinta quando iniziai l'università).
- Perché? (1° perché).
- Perché mi piace l'idea di poter sanare i conflitti nel migliore dei modi.
- Perché ti piacerebbe sanare i conflitti nel migliore dei modi? (2° perché).

- Perché vorrei giustizia per le persone.
- Perché vorresti giustizia per le persone? (3° perché).

Puntini puntini. Al terzo perché già non trovai una risposta, o meglio, non mi veniva in mente niente di più.

Mi sarebbe piaciuto forse perché credevo che in quel modo avrei dedicato la mia vita a una buona causa, ma mi rendevo anche conto che ora, nel mio nuovo modo di vedere le cose, forse c'era una causa ancora maggiore, non sentivo più che quella era la mia strada per fare del bene (vedi, a volte le risposte ai nostri dubbi arrivano prima del previsto, basta solo farsi le domande giuste).

Condivido invece con te la seconda parte dell'esercizio che feci per testare cosa sarebbe stato bene intraprendere nella mia vita:

- Voglio aprire una mia azienda di formazione.
- Perché? (1° perché).
- Per contribuire alla crescita delle persone.
- Perché vuoi contribuire alla crescita delle persone? (2° perché).

- Perché penso ci sia bisogno di strumenti innovativi che possano fare la differenza per gli altri, così come è stato per me.
- Perché vorresti fare la differenza per gli altri? (3° perché).
- Perché sogno un mondo dove le persone, avendo nuovi strumenti, come le tecniche di apprendimento, e risparmiando tempo, possano avere risultati migliori e dedicarsi di più alle cose e a coloro che amano.
- Perché vorresti questo? (4° perché).
- Se fosse così, ognuno sarebbe più felice.
- Perché vorresti che ogni persona fosse più felice? (5° perché).
- Perché sapere di essere stata uno strumento che rende le persone più felici, farebbe essere più felice anche me.

Finito di rispondere a tutte queste domande e a questi perché devo dire che avvertivo una bellissima energia scorrere nel mio corpo. Era come se in dieci minuti tutti i pezzi del puzzle si fossero incastrati alla perfezione, come se tutto fosse diventato limpido e chiaro di fronte a me.

Sentivo di avere un motivo così grande, un perché così forte, che niente poteva più fermarmi o lasciarmi titubante e incerta sulla scelta del mio futuro. Sapevo anche come fare, visto che tanti ragazzi, nell'azienda in cui avevo fatto il corso e dove stavo collaborando, avevano già intrapreso il percorso lavorativo che li avrebbe portati, dopo un'intensa e lunga gavetta, ad aprire la loro sede aziendale.

Certo, è un bel salto nel vuoto lasciare quello a cui ti sei dedicato per tanti anni, cambiando completamente rotta e iniziando un percorso neanche poi così facile da spiegare ai miei genitori. Ma si sa, quando il perché è forte, tutto il resto in un modo o nell'altro si sistema. E a volte un briciolo di follia aiuta.

Iniziai da lì, studiando e lavorando. Avevo scelto di completare il mio percorso di studi, anche se ormai effettivamente abbastanza inutile vista la mia nuova scelta professionale, e nel frattempo cominciai a lavorare full time nell'azienda dove avevo fatto il corso, facendo molti sacrifici per il mio nuovo sogno.

Seguivo ogni indicazione, orari, cose da fare e imparare, mi tuffavo a capofitto su tutto con una fiducia cieca, perché ovviamente erano loro gli esperti.

Più facevo più avevo voglia di fare, sbagliavo, imparavo, applicavo. E da lì a poco arrivarono tanti grandi risultati, complimenti e responsabilità che crescevano sempre di più.

Il desiderio di creare una realtà a modo mio era sempre più forte, e di lì a poco sarei potuta finalmente andare ad aprire una mia sede con la stessa azienda. Da allieva a responsabile di una loro sede in pochi anni.

Esprimendo il mio modesto parere fui decisamente insoddisfatta da quello che mi portavo via dagli anni che stavo vivendo all'università, sentivo che le mie aspettative di crescita erano state deluse, tante nozioni ma poi cosa sai fare in modo concreto? Quando avrai la laurea cosa ti renderà differente?

Il punto è che l'unica scelta vincente durante e dopo il percorso universitario sta nell'agire, agire formandoti, integrando gli insegnamenti universitari con nuove competenze. La mia grande fortuna fu di avere incontrato sulla mia strada quel ragazzo alle macchinette del caffè.

Mi diede l'opportunità di conoscere un nuovo metodo di studio che mi permise di avere così tanto tempo in più da poter pensare anche alla mia formazione, non solo agli esami.

Questa è ciò che ti rende appetibile nel mondo del lavoro, una persona formata a livello personale può dare un valore aggiunto al ruolo che va a ricoprire e concede molte più opportunità e possibilità di andare a fare ciò che ami e non ciò che trovi.

Una volta che hai trovato il tuo perché devi impegnarti per nutrirlo e accrescerlo ogni giorno di cose belle e di valore. È da almeno quattro anni che ho smesso di dedicare il mio tempo a cose inutili che non mi danno nessun valore aggiunto, come guardare il telegiornale.

Trovo sinceramente poco produttivo scegliere di impalarsi davanti a uno schermo ed essere tempestati da notizie tremende, che ti fanno credere che tutto ciò che ci circonda sia orrendo, che non bisogna più fidarsi di nessuno e stare sempre in allerta. Ma davvero vogliamo vivere così?

Alcune notizie preferisco non conoscerle, quelle che ci interessano abbiamo il mondo del web in cui andarle a cercare, e se non hai voglia di farlo, tranquillo, perché in qualche modo una buona parte di ciò che accade ti giungerà tramite i racconti delle persone che hai accanto.

Ti è mai successo all'università o sul posto di lavoro che qualcuno dei colleghi esordisse con: "Hai sentito quello che ha fatto del male a quell'altro?". No, non l'ho sentito e sto tanto bene così, pensavo tra me e me. Dopo che l'hai sentito puoi fare qualcosa? Dovremmo stare qui a inveire contro chi? Con quale scopo?

Occupiamoci concretamente di fare del bene nel nostro piccolo, nella nostra fetta di mondo e per le persone che abbiamo accanto, soprattutto guidando con l'esempio ed essendo noi i creatori delle notizie che vorremmo sentire in un nuovo tg, magari dal titolo "Il tg che vorrei": https://www.facebook.com/groups/ilTGchevorrei/. Questo nome non è a caso, ma è un gruppo Facebook da noi creato, seguito da migliaia di persone, in cui tutti sono protagonisti e fautori di belle notizie, che ognuno condivide partendo da ciò che trova nel web o vive nelle proprie giornate: scoperte, invenzioni, esempi di meritocrazia, solidarietà, esperienze, emozioni, esempi di vita ecc. Vale tutto, proprio tutto, a un'unica condizione: che sia qualcosa di produttivo e costruttivo.

Ti rendi conto? Quante persone conosci che si lamentano di un sacco di cose che non vanno? E pensando a ciò, hanno mai cambiato la loro situazione? Nella vita c'è sempre una scelta, per focalizzarsi su cose diverse, per agire in modo diverso, e il fatto di condividere belle notizie concrete ne è un esempio, sicuramente più utile e produttivo.

Concentrarti su notizie positive attrarrà nella tua vita persone positive. Credo in assoluto che le persone siano la più grande risorsa e il più grande dono che possediamo. Immagina di svegliarti domani mattina ed essere l'unico abitante del pianeta Terra: cosa faresti?

La verità è che da soli l'unica cosa che possiamo fare è sopravvivere, o almeno cercare di farlo. Dovremmo pensare a procurarci da mangiare, siccome non ci sarebbe più neanche chi coltiva e raccoglie la frutta per noi; non ci sarebbero più confronto, collaborazione, crescita, sviluppo.

Da soli possiamo sentirci forti, ma in realtà non lo siamo davvero, abbiamo bisogno di persone con cui collaborare e crescere.

Scegli a chi vuoi dedicare il tuo tempo, dove passarlo e come, acquista la consapevolezza che, mettendo immondizia e brutte notizie dentro di te, sarà questo ciò che uscirà, ma se metti tanti semini buoni potrà germogliare qualcosa di grande.

Quali sono le persone che frequenti più spesso? Quanti dei tuoi compagni universitari con cui passi più tempo sanno esattamente cosa fare dopo la laurea? Quante persone conosci che hanno obiettivi veramente grandi? Quanti professionisti che fanno il lavoro che tu vorresti fare hai già intervistato per cercare di rimanere in contatto con loro?

Ricordati che siamo le persone con cui stiamo. Se attorno a te vedi confusione, probabilmente ne avrai anche tu, se attorno a te vedi paura e poca voglia di affrontarla probabilmente succederà anche a te la stessa cosa, se attorno a te c'è pigrizia, probabilmente il tuo sogno aspetterà ancora tanto.

Stabilisci del tempo ogni mese in cui leggere un buon libro, in cui fare un corso, in cui guardare un bel film, in cui dedicarti a persone che ti arricchiscono.

Scegli ogni mese del tempo da destinare a fare cose scomode per te, che ti fanno paura o che non sei ancora capace di realizzare. Tanto più sarai scomodo oggi tanto meglio sarà domani.

Nutrendo te stesso sarà più facile trovare il tuo grande perché, e quando lo troverai sarà più semplice dire no a tante proposte che non ti servono, allontanare persone che in questo momento ti stanno solo limitando, alleggerirti da pesi che ti stanno facendo volare basso. Tutto questo parte da una sola domanda: perché?

Michael Jordan: "Posso accettare la sconfitta, tutti falliscono in qualcosa. Ma non posso accettare di rinunciare a provarci".

Steve Jobs: "Sono convinto che circa la metà di quello che separa gli imprenditori di successo da quelli che non hanno successo sia la pura perseveranza".

Barack Obama: "Oggi noi iniziamo con serietà il lavoro di accertarci che il mondo che lasciamo ai nostri bambini sia migliore di quello che abitiamo oggi".

Stephen Hawking: "Quando mi fu diagnosticata la Sla mi sono stati dati due anni di vita. Ora, 45 anni dopo, sto andando abbastanza bene".

Quindi, qual è il tuo perché?

RIEPILOGO DEL CAPITOLO 4:

- SEGRETO n. 1: sogna di notte, di giorno impegnati per realizzare.

- SEGRETO n. 2: non sei nato per accontentarti, sei qui per qualcosa di più grande.

- SEGRETO n. 3: trova il tempo per formarti, o il mondo non troverà il tempo per te.

- SEGRETO n. 4: interrogati sul tuo perché più profondo, sul comprendere ciò che ti muove.

- SEGRETO n. 5: scegli se farti influenzare da ciò che di negativo accade nel mondo o se essere il fautore delle belle notizie che vorresti sentire.

CORRI A INTEGRARE LE TUE RISPOSTE ALLE "DOMANDE GUIDA" ALLA FINE DEL LIBRO!

Capitolo 5:
La laurea serve, la formazione è indispensabile

Ciao, sono Federica, ho ventisei anni, vengo dall'Abruzzo e vivo a Mantova da un anno e mezzo, dove lavoro in una grande multinazionale. Ho preso la laurea magistrale in Ingegneria gestionale a luglio 2017, con voto 105/110.

Nella realtà della mia città di origine mi sono presto resa conto che la laurea non era sufficiente per trovare un posto di lavoro inerente a ciò per cui avevo studiato, sentivo che le opportunità erano poche e mi sono vista costretta a trasferirmi per avere la possibilità di iniziare un percorso lavorativo.

Durante l'università mi sono accorta che le nozioni che stavo imparando non sarebbero state sufficienti per avere vita facile nel mondo del lavoro, poiché sentivo sempre di più che tra tutte quelle informazioni mi mancava qualcosa a livello personale, avrei voluto crescere come individuo.

Per questo scelsi di seguire alcuni corsi di lingue, prima di francese e poi di inglese, conseguendo in entrambi il livello B2, per implementare le mie conoscenze e ampliare un po' le mie possibilità, ma neanche questi fecero la totale differenza.

I miei genitori hanno sempre dato tutto per me e i miei fratelli, sognando per noi un futuro differente rispetto a ciò che avevano vissuto loro. Avevo molta voglia di uscire dal guscio e per questo mi trovai a cercare lo stage *intra-curricular*, che avrei dovuto svolgere per potermi laureare, in diversi posti in tutta Italia, senza precludermi niente.

Mi chiamarono nell'azienda in cui lavoro ancora oggi, a Suzzara, e a novembre 2016 mi trasferii qui per iniziare il mio stage. Una volta terminati i sei mesi, non furono loro ad assumermi, ma un'agenzia interinale con la quale ancora oggi il mio contratto si rinnova di sei mesi in sei mesi, con poche certezze insomma.

A luglio 2017 mi laureai, anche se a livello pratico non cambiò di tanto la mia situazione, poiché continuai lì con il mio contratto a tempo determinato che mi sarebbe scaduto a breve.

Dall'inizio del 2018 il mio ruolo cambiò, poiché da Quality Control Specialist passai a seguire la parte operativa del management dei progetti migliorativi aziendali, e ciò comportò ancora più impegni e responsabilità, ma sento tuttora che mi manca qualcosa per crescere in una realtà così tanto grande.

Credo che la formazione personale sia fondamentale, ma è quasi del tutto assente all'interno dell'azienda un percorso formativo per i dipendenti, e questo rallenta tutto.

Ho difficoltà nell'ascolto dei miei colleghi e nel comunicare con loro in modo efficace, nel trasmettere le mie idee, mi rendo conto di volere essere seguita di più dal mio gruppo di lavoro, ma allo stesso tempo sento di non averne gli strumenti.

Posso dire di essere soddisfatta del mio percorso universitario soltanto a livello nozionistico, ma ciò che avrebbe fatto la differenza sarebbe stato qualcuno che mi avesse insegnato come vivere davvero al meglio ogni situazione e saperla gestire.

Avrebbe segnato la differenza un metodo di studio efficace per potermi permettere ora, nonostante le tante ore di lavoro, di trovare il tempo per leggere e continuare a formarmi, che a oggi non ho. Avrebbe fatto la differenza aver saputo applicare un atteggiamento mentale positivo e vincente in ogni cosa.

Oggi so per certo che dovrò provvedere io a me stessa e alla mia formazione, altrimenti la scalata sarà lunga e molto tortuosa.

***

Sono Roberto, un ragazzo di trent'anni compiuti da poco, laureato in Ingegneria meccanica al Politecnico di Torino nel 2013, ora impiegato in una grande multinazionale e con l'ambizione un giorno di ricoprire il ruolo di direttore di uno stabilimento produttivo. Sono un collega di Federica.

Voglio raccontarti brevemente un tratto della mia esperienza, da cosa credo sia nato e da cosa continua ad essere alimentato ciò che vivo.

Stavo perseguendo gli studi come Perito meccanico industriale, quando il mio professore di Meccanica mi fece uno dei regali più preziosi che una persona possa offrire: quest'uomo mi trasferì la passione, la bellezza che si prova nel chiedersi il perché davanti alle cose, quindi la curiosità che spinge a ricercare la spiegazione in ogni evento, ecco, questo professore non mi insegnò soltanto la materia.

Sempre in quel periodo bussò sul mio banco di scuola un compagno per presentarmi l'opportunità di imparare ancora meglio, tramite delle tecniche di apprendimento avanzato. Ricordo che non esitai nell'andare a capire di cosa si trattasse e subito intuii che quegli strumenti facevano al caso mio, decisi che volevo veramente esprimere al meglio il mio potenziale anche nell'apprendimento.

Questi due avvenimenti sicuramente segnarono un cambio di rotta notevole nei miei risultati. Chiedersi il perché delle cose e la voglia di imparare furono quel grado che cambiò la direzione della freccia della mia vita. Nel breve termine vedevo le tecniche di apprendimento come strumento per risparmiare qualche ora di tempo nello studio e rendere il mio ricordo più efficace, ma voltandomi indietro, oggi, mi rendo conto che stiamo parlando di qualcosa di ancora più grande.

Mi ero procurato un metodo collaudato e ogni giorno mi chiedevo come potessi applicarlo al meglio, avevo la curiosità di capire e imparare sempre qualcosa di nuovo, la determinazione nel compiere passi verso ciò che mi ero messo in testa, ero convinto che ogni cosa potesse essere totalmente alla mia portata.

Questo mi portò al terzo anno accademico a sostenere 14 esami universitari, per un totale di 80 Cfu in due sessioni consecutive (10 settimane di sessione esami). Beh, oltre a questo risultato concreto, ciò che più ha marcato la differenza in quei giorni sono stati i punti fermi che ho impresso nella mia identità: io posso, io merito. Ora dove voglio arrivare?

Di lì a qualche settimana, la laurea triennale conclusasi con 100/110 e poi quella magistrale con 97/110. Leggendo questi numeri, perché a noi adulti piacciono i numeri, potrebbe materializzarsi nella tua mente il pensiero che non sembrerebbero dei grandi voti. Tuttavia, ciò che è racchiuso in quelle due cifre è la storia di un ragazzo che aveva sempre chiaro in mente il giorno in cui avrebbe iniziato a giocare a un altro livello: il primo giorno di lavoro.

Questo arrivò il 5 novembre del 2012, presso la multinazionale Alstom di Savigliano (Cn) come ingegnere meccanico di industrializzazione. Ricordo con un po' di tenerezza i primi giorni in cui cercavo di capire cosa fosse un treno, e scoprii che non era fatto totalmente di plastica come quello con cui giocavo da bambino, che puntualmente usciva fuori dai binari. Questa volta si faceva sul serio.

Anche qui ho saputo seguire le istruzioni in silenzio, ascoltando, in modo scrupoloso e con precisione sempre maggiore, chi era più anziano nel mestiere. Imparai presto che le persone sono la risorsa più grande anche, o forse soprattutto, quando vuoi conseguire risultati importanti sotto tutti i punti di vista: economici e di crescita.

In quest'azienda posso dire di avere iniziato a "farmi le ossa", attutendo colpi, assumendomi responsabilità mie e anche di altre persone. Gestii inoltre un'attività veramente importante sia in termini di responsabilità sia dal punto di vista economico: il controllo della conversione di una linea produttiva organizzata in qualche mese, implementata nella chiusura aziendale di Natale del 2015.

Risultati: primo, la nuova linea di produzione ha continuato a produrre senza alcun arresto e come secondo risultato si era passati dall'avere un treno all'uscita linea ogni 5 giorni a un treno ogni 4. Wow! Seguii tutto al meglio e i risultati erano confermati ogni 4 giorni.

Di lì a pochi mesi sarebbero partiti nuovi progetti ancora più ambiziosi per l'azienda e quindi mi candidai per ricoprire incarichi di maggiore responsabilità: come si dice, l'appetito vien mangiando.

Ma, "Tu sei un praticone, di te abbiamo bisogno per risolvere situazioni pratiche. Non sei ancora portato per ruoli manageriali, hai 27 anni!", erano le frasi più comuni riservate in esclusiva a me. Nessun problema!

Stavo iniziando a imparare e a prender consapevolezza, concretamente, di che pasta fossi fatto e quale fosse la mia attitudine di fronte alle sfide: ponderare bene e poi buttarmici a capofitto per cadere verso l'alto.

Era sabato 30 gennaio 2016 quando mi feci una promessa: quel posto di lavoro, nonostante fosse caratterizzato da un contratto a tempo indeterminato, lo avrei lasciato. Un'azienda non è un'entità superiore che decide per te o di te, ma è sempre fatta di persone, quindi sono le persone che decidono per te o di te. Io avevo capito di volere essere la prima persona a decidere del mio futuro.

Ogni santo giorno, che fosse lunedì oppure giovedì, sabato o domenica di Pasqua, inviavo almeno due curriculum in ogni dove: come ingegnere in un'azienda di frutta, una macelleria, una multinazionale produttrice di pneumatici, non era importante l'argomento, ma ciò che io volevo.

Ed ecco che martedì 10 maggio 2016 feci una cosa che il solo pensiero mi toglie ancora un po' il fiato e mi irrigidisce: preparai un foglio, con su scritte alcune informazioni come da protocollo e chiusi il tutto in una busta bianca.

La parte frontale recitava: per il datore di lavoro, Alstom SpA. Aspettai che il mio responsabile finisse anche lui la sua giornata lavorativa e poi mi raggiunse nel mio ufficio. "Michele, ho questa busta da consegnarti: oggi mi licenzio". Silenzio, l'aria la si poteva quasi tagliare a fette, ma da quel momento in poi per me fu soltanto gioia.

Quella lettera sciolse ogni tensione, ogni incomprensione, facendo materializzare di fronte a me una straordinaria meta: l'opportunità di lavorare in una nuova multinazionale, Cnh Industrial nel segmento Iveco.

Era il 18 luglio 2016 quando iniziò la nuova avventura, in una cittadina a me sconosciuta, Suzzara (Mn), lontano poco più di 300 chilometri dalla mia famiglia di origine. Qui sto aggiungendo immagini, colori, emozioni importanti per la bacheca dei miei sogni.

Sono Ingegnere meccanico nel ruolo di Cost management and

process engineering expert. Questo ruolo l'avevo mai ricoperto prima? No, ma lo sto imparando! Ogni giorno mi sveglio talmente eccitato per cosa voglio fare che non vedo l'ora di uscire di casa.

E anche oggi la distinzione non la marca l'azienda, ma la mia persona, le mie abitudini, le mie ambizioni, la mia curiosità, l'umiltà nell'imparare da ogni risultato e le persone di cui scelgo di circondarmi.

Se c'è una cosa su tutte che ha fatto la differenza nell'avere oggi un ruolo che, modestia a parte, tanti miei ex colleghi universitari ancora sognano, sicuramente non è stata la laurea.

Questa sì, è molto importante per ricoprire il ruolo che ho oggi, ma sono grato a tutto il resto che ho imparato nel mio percorso formativo, poiché mi permette di aggiornarmi in fretta, di assumermi sempre le mie responsabilità, di non aver paura di sbagliare, ma, soprattutto, avere tanta, tanta, tanta fame.

Capitolo 6:
Scegli la vita che vuoi

Prova a richiamare le emozioni che hai vissuto in un momento come il giorno in cui hai finito la maturità, quello in cui hai ottenuto una promozione sul lavoro, il giorno in cui ti sei laureato, la prima volta in cui i tuoi genitori hanno detto di sì alla vacanza con i tuoi amici. Prova a ricordare quanta felicità scorreva nel tuo corpo, quanta gioia provavi.

Pensando poi a distanza di qualche anno agli stessi identici eventi, riesci a provare ancora esattamente quella felicità?

Ci conosciamo da poco, ma penso sia normale che la risposta sia negativa. Sicuramente proverai ancora delle belle emozioni, ma non saranno forti esattamente come allora.

Non c'è nessun evento che, passato molto tempo, ti faccia vivere lo stesso livello di felicità come il giorno stesso in cui è accaduto:

per quanto sia stato meraviglioso, le emozioni si trasformano. La vita ha bisogno di nuovi risultati per farti provare le stesse sensazioni.

Personalmente ho ben chiara quanto lunga fosse stata la mia attesa e quanto grande fosse il desiderio di vivere il giorno della mia laurea, come se dovesse accadere qualcosa d'incredibile.

Attendevo quell'istante con adrenalina, felicità, emozione, e per molte volte ho immaginato quanto sarebbe stato indimenticabile quel momento.

È stato un po' tagliare il traguardo, un mix di festeggiamenti e abbracci, anche un'occasione per rivedere persone importanti, tutte intorno a me.

Ma, ora che è passato un anno e mezzo, se penso a quel giorno, ricordo che ero stata molto felice, ma non riesco a provare lo stesso grado di felicità del 20 settembre 2016.

Questa è la normalità, perché qualsiasi evento non ci può donare una felicità permanente nel tempo; sta infatti a noi rinnovarla costantemente in ciò che facciamo, nei nuovi obiettivi che ci poniamo e riuscire a tirarla fuori da noi stessi, poiché non può risiedere in qualcosa di esterno.

La felicità non è una cosa che può essere regalata dentro a una scatola, è una compagna di viaggio che ti segue a ogni passo in avanti che fai, a ogni cosa che impari.

Come dice il più grande formatore al mondo, Anthony Robbins, "non esiste felicità duratura nel tempo senza progresso".

L'ottenimento di qualsiasi titolo di studio, pur se per molte persone sembra essere uno degli obiettivi più grandi della vita, non ha il potere di farti stare realmente bene a distanza di tempo, come il giorno in cui lo hai vissuto.

In molti casi può anche non rappresentare grande motivo di felicità, poiché magari scelgo di laurearmi in qualcosa per cui so che trovare un lavoro sarà un'impresa epica.

Per moltissimi giovani una delle sensazioni provate, terminato il percorso di studi, è una sorta di smarrimento, mista a consapevolezza che se davvero vuoi fare qualcosa di grande è proprio in quel momento che devi iniziare a formarti e distinguerti. Dopo la laurea si fa sul serio, perché il mondo del lavoro non fa sconti.

Ci sono invece due cose concrete, oltre il fatto di sfidarmi costantemente, che mi hanno aiutata a far crescere la mia felicità, avendole coltivate ogni giorno. Voglio condividerle con te.

1) Gratitudine.
Una cosa su tutte che dobbiamo impegnarci a fare per essere veramente felici è non dare nulla per scontato.

Non è scontato che stamattina tu ti sia svegliato, abbia avuto l'opportunità di scendere dal letto appoggiando i tuoi piedi per terra. Non è scontato che tu abbia potuto scegliere cosa mangiare per colazione e lavarti con dell'acqua calda.

Non è nemmeno scontato che tu possa essere qui a leggere questo libro. Insomma, non è scontato che tu sia nato dalla parte "giusta" del mondo, dove possiamo stare a parlare dell'importanza di crescere come persone, e non abbiamo il problema di andare a procurarci dell'acqua, poiché la possiamo trovare semplicemente aprendo il rubinetto del lavandino.

So che possono sembrare banali tutte queste cose, ma non è così. Possono sembrare banali per noi perché siamo abituati ad averle, ma non lo sono affatto, ci sono davvero persone che non vivono nelle nostre privilegiate condizioni.

E da qui nasce l'importanza di aprire gli occhi su ciò che abbiamo e di dire "Grazie!".

Trova il modo di dire ogni giorno almeno 20 volte grazie. Puoi dirlo al tuo collega che ti ha ricordato un appuntamento, al cameriere che ti ha portato ciò che hai ordinato, a chi in macchina ti ha fatto passare prima di lui, alle difficoltà che stai avendo nello studio o nel lavoro che ti stanno permettendo di crescere, tirando fuori da te stesso qualcosina in più.

Fai quest'esercizio. Ogni mattina, guardandoti allo specchio, di'
ad alta voce cinque motivi per cui ti senti grato. Oggi sono grato
per:

- il pomeriggio che passerò con la mia famiglia
- la possibilità di scegliere quali vestiti indossare
- potermi permettere di andare al supermercato e comprare
  quello che mi piace mangiare
- avere al mio fianco la persona che amo
- poter fare il lavoro che ho scelto

Quest'esercizio di riflessione con te stesso ti permetterà di
focalizzarti su ciò che hai; ti darà una grande carica iniziare la
giornata così. Ti farà sentire vivo e ricco.

2) Allineati con i tuoi valori.

In diversi casi dopo la laurea si finisce con il fare ciò che si trova,
e non qualcosa che possa dare l'opportunità di mettere veramente
in pratica ciò che si è studiato.

Siamo così tanto influenzati dalle notizie della tv e dal discorso
"crisi" che in fondo si è contenti anche del poco che si trova,

magari sottopagati e senza imparare chissà quanto. Ma il punto più importante per me è come vivi questi percorsi.

La maggior parte dei ragazzi universitari, con cui mi è capitato di confrontarmi, al mattino non ha questa gran voglia di alzarsi, è svogliata per tutta la settimana perché non ama troppo ciò che fa, è insoddisfatta perché vede che gli studi stanno servendo a poco, non scorge grandi opportunità per il suo futuro, ma, soprattutto, non vede l'ora che arrivi il weekend.

Weekend come via di fuga, come un momento per staccare la spina e per almeno due giorni smettere di pensare a come uscire dalla situazione che si vive, a che piega dare al futuro e in che modo.

Comprendo quanto questo possa essere frustrante e insoddisfacente, soprattutto dopo anni di studio non puoi pensare di meritare questo. Non puoi neanche, d'altra parte però, pensare di emergere senza avere qualcosa che ti distingua, che ti faccia spiccare il volo e iniziare finalmente a fare ciò che ami.

Oltre a tutto ciò di cui abbiamo parlato fino a questo punto, cioè dell'atteggiamento, dell'importanza di formarsi e di sviluppare nuove competenze, di avere un metodo di apprendimento efficace che ti possa permettere di stare al passo con i tempi, dell'importanza di avere chiaro il proprio perché, c'è dell'altro.

Per sentirti bene in quello che fai o farai, è fondamentale che tu sia allineato con te stesso, con quelli che sono i tuoi principi e i tuoi valori.

Cosa sono i valori? Sono le linee guida della tua vita, la bussola che costantemente ti mostra la direzione verso cui andare. Per essere felici e stare bene è indispensabile sentire soddisfatti i propri valori, per cui un buon inizio potrebbe essere capire quali siano i tuoi, visto che penso che anche da te a scuola non si sia studiata questa materia.

Esempi:
Se il mio primo valore è la lealtà, non mi farà stare sicuramente bene tradire un amico. Se il mio primo valore è il contributo, cercherò di far sì che ogni cosa che faccio sia utile o possa far

stare bene anche qualcun altro.

Se un valore che sento molto forte è la libertà, starò sicuramente meglio nello svolgere un lavoro in cui sono libero di organizzarmi come meglio credo, senza avere troppi vincoli.

È fondamentale che ognuno di noi possa farsi queste domande: Quali sono i miei primi valori? Da cosa è mossa la mia vita?

Le risposte potrebbero essere:
- fiducia
- onestà
- coerenza
- felicità
- amore
- passione
- varietà
- crescita
- collaborazione
- libertà
- contributo

- serenità
- lealtà
- sicurezza
- benessere
- salute
- generosità
- divertimento
- ecc.

Trova i tuoi tre valori principali, individuali dentro di te, comprendendo ciò che ti guida e ti fa essere felice.

Ti faccio il mio esempio. I miei primi tre valori sono:

- crescita
- contributo
- amore

La seconda domanda fondamentale, dopo averli trovati, è: "Cosa posso fare per esprimerli?".

Esprimerli ci permette di essere concretamente allineati con noi stessi, di sentirci davvero bene, poiché stiamo manifestando ciò che siamo.

Con l'andare del tempo qualcosa nel mio lavoro stava cambiando, non so se le cose attorno a me oppure, crescendo e acquisendo nuove consapevolezze, il mio modo di vederle. Mi rendevo conto che quanto di bello avevo sempre scorto in quell'azienda era solo una parte della realtà.

Non intravedevo più attenzione nel prendersi cura delle persone, o almeno non da parte di tutti. Non c'era la volontà di far crescere veramente chi come me stava lavorando con loro, portandoci a diventare dei grandi campioni, quasi come se dovessi essere sempre un gradino più in basso rispetto al "grande capo" (anche se i miei risultati e quelli di altri parlavano chiaro), quasi come se qualcuno temesse che l'aumento della luce di altre persone potesse fare offuscare la propria.

Quasi come se si dovesse tutelare a tutti i costi una gerarchia sempre più netta e inamovibile. Una leadership imposta e non sempre riconosciuta.

Quando i tuoi valori non sono allineati c'è una vocina dentro di te che, per quanto tu voglia ignorarla, urla sempre più forte, fino a quando scegli di darle ascolto.

Parlai con il mio compagno, il quale a sua volta stava vivendo una situazione simile, lavorando sempre nella stessa azienda, da ancora prima di me. Decidemmo, dopo vani tentativi di migliorare la situazione, che era il momento di voltar pagina, meritavamo entrambi di più. E così il nostro matrimonio con quell'azienda s'interruppe.

Lasciammo l'azienda che ci aveva fatto scoprire tante cose di noi stessi e del nostro potenziale, che abbiamo amato profondamente e che ci ha regalato tante belle amicizie e relazioni.

Ma come in ogni rapporto che si rispetti non puoi dare tutto te stesso al tuo partner se non ti occupi prima di stare bene tu, e io non volevo più accontentarmi, né limitarmi nel fare qualcosa che amavo come lo voleva qualcun altro, diventando il pezzo di un puzzle che mi piaceva sempre meno.

114

Così scelsi di riprendere la rotta e nonostante tanto dolore (come si sa cambiare fa molta paura) presi il coraggio in mano e, come ho sempre fatto, dissi apertamente ciò che pensavo e chiusi quella parentesi lavorativa della mia vita, a malincuore, ringraziando comunque per ciò che mi aveva dato e insegnato.

Come avrei potuto d'ora in poi soddisfare nuovamente i miei valori? Con quale mezzo? Amavo troppo ciò che facevo, ma soprattutto il perché lo facevo. Non volevo lasciare andare l'immagine di quel sogno, in cui mi trovavo di fronte a tante persone, per dare loro gli strumenti che le avrebbero portate a realizzare i propri obiettivi.

Ma come riprenderla? Quali azioni fare? Passai un periodo di smarrimento, dove feci tanti pensieri diversi, ma a volte per compiere un passo in avanti bisogna farne uno indietro, ripartire da te, da ciò in cui credi, ripetendoti nella testa che in un modo o nell'altro troverai la soluzione. Sapevo che sarebbe arrivata.

Mi ritrovavo a venticinque anni con una laurea magistrale in Giurisprudenza e tre anni di esperienza nel campo della formazione. Avrei potuto cercare qualcosa nel mio ambito di studio, ma l'avrei visto come un tornare indietro rispetto a ciò che volevo veramente fare.

Scelsi, insieme al mio compagno, di non esitare, di non voltarmi più indietro, di andare avanti. Voleva dire questa volta fare un salto nel vuoto, forse quello più grande della mia vita: aprire una nuova azienda di formazione, la nostra.

La teoria era chiara, ma la pratica? Da dove partire? Servivano soldi, una sede, un nome, del materiale da dare ai futuri corsisti, i corsisti, un sito internet, non c'era nemmeno una mail da mandare per dire "Ehi ciao, perché non vieni a conoscerci?".

Lo immaginavo da subito diverso rispetto alla realtà che avevo vissuto prima, come un percorso in cui ogni persona decisa a chiedersi di più poteva scegliere di partecipare per: risparmiare tempo nello studio aumentando i propri risultati, aggiornarsi più velocemente nel lavoro, imparare lingue straniere in fretta e divertendosi, ricordare le cose a lungo termine, imparare a comunicare in maniera efficace, sviluppare caratteristiche a livello personale che ti rendono differente nel mondo del lavoro, acquisire un atteggiamento mentale vincente.

Avremmo dato inoltre l'opportunità a tutti i nostri allievi di creare sinergie tra di loro, condividendo i propri talenti e le proprie competenze, per dar vita a nuovi progetti e start-up.

Un percorso dove l'obiettivo non era solamente quello di trasmettere metodi di studio innovativi, ma era incentrato anche sullo sviluppo personale, sulle abilità e capacità che è fondamentale avere, visto che la laurea oggi non è più sufficiente per eccellere e per differenziarsi dalla massa.

Un percorso in cui entri da studente medio (e per studente intendo anche chi lavora, perché chi vuole eccellere non smette mai di studiare) ed esci da professionista di successo.

Persona che sa cosa vuole, ha gli strumenti per ottenerlo, sa quali competenze le servono, allena costantemente la propria attitudine al miglioramento, sa come emergere e come vendersi nel mercato del lavoro di oggi.

117

Certo, non avremmo fatto tutto in due giorni, non da soli, ma la *vision* era già nitida.

L'unica certezza eravamo noi, io e Paolo, mio compagno di vita e, di lì a poco, anche della nuova attività. Anche lui, come già detto, lavorava nell'ambito della formazione da diversi anni, nella stessa azienda in cui ero anch'io, e insieme sarebbe stato sicuramente più semplice.

Io e lui come unica garanzia abbiamo affrontato le nostre paure, nonostante gli utili consigli ricevuti del tipo "Aprire un'attività? Meglio di no, con la crisi!", oppure "Non avete abbastanza soldi, non siete ancora pronti", ma siamo partiti, alla volta della conquista di noi stessi e della nostra città, Torino.

Cosa bisogna fare se c'è la crisi? Aspettare che passi? Mica è un acquazzone. E poi attendere non è mai stato il mio forte. Ho avuto paura in diversi momenti, la sensazione di aver chiaro il mio perché e cosa volessi fare mi davano forza, peccato che di concreto non ci fosse ancora l'ombra di niente.

Avevamo una grande fede nel fatto che, in un modo o nell'altro, sarebbe andato tutto bene, e questa ci ha permesso di avere un'immagine chiara di qualcosa che ancora non esisteva e ci ha ricordato che tanto se hai un grande perché, il come lo trovi sempre.

Certo, non eravamo degli sprovveduti, siamo sempre stati due ragazzi che hanno dato più di quanto richiesto e con tanta fame, a volte infatti mordevamo più di quanto ci stesse in bocca. Per molti forse questo non sarebbe bastato, non sarebbero state motivazioni sufficientemente valide per partire. Per noi invece erano le uniche veramente necessarie.

Nell'immagine ideale che avevo della nostra azienda di formazione, i miei primi tre valori – crescita, contributo e amore – avrei potuto invece esprimerli tutti.

Ciò che volevo creare era uno spazio per le persone, non per tutte, ma per chi aveva veramente voglia di puntare in alto; un percorso grazie al quale poter crescere a livello tecnico e personale, migliorando nettamente il proprio metodo di apprendimento e imparando a usare al massimo la tecnologia più importante che abbiamo: la nostra mente.

Desideravo creare un ambiente di crescita pura, dove io e Paolo avremmo trasmesso tutto ciò che sapevamo e che avremmo appreso continuando a formarci dai migliori formatori in giro per il mondo.

Sai cosa capita a te quando aiuti gli altri a crescere? Cresci ancora di più. In questo spazio ci sarebbe stato anche il fior fiore di professionisti che, proprio perché avevano già ottenuto successo, avevano compreso una cosa fondamentale: "o ti formi o ti fermi!", chi si sente arrivato è perduto.

Avremmo quindi potuto contribuire ai risultati delle persone che sceglievano di affidarsi a noi, per far sì che i loro obiettivi si potessero realizzare nel minor tempo possibile.

Amare sé stessi vuol dire scegliere di non sposare le scuse che ci raccontiamo, accettare i feedback che ci vengono dati senza fare i permalosi, accogliendoli veramente come un dono; alzarsi presto la mattina per fare quella cosa che un tempo avresti rimandato a domani, non accontentarsi di quello che l'università ci insegna, ma andare a cercare altrove le nozioni e le esperienze che ci servono.

Questo è l'amore che avrei voluto vivere con i miei allievi, un sentimento concreto rivolto all'azione.

Vuoi comprendere qual è il vero valore che c'è dietro a ciò che fai? Per farlo utilizziamo la tecnica dei perché di cui abbiamo parlato precedentemente.

- Perché vuoi laurearti? (puoi fare questo esercizio anche se lavori, adattando leggermente le domande. Esempio: Perché fai l'impiegato in azienda?).
- Per trovare un buon lavoro.
- Perché vuoi trovare un buon lavoro?
- Per fare qualcosa che mi soddisfi e che mi faccia guadagnare bene.
- Perché vuoi questo?
- Perché voglio essere sereno e avere i soldi che mi servono

per far star bene me, la mia famiglia, ed essere felice insieme a loro.

Perfetto, come vedi siamo arrivati alla conclusione vera, al vero motivo. Quindi perché vuoi questa laurea? Per essere felice! Non voglio sembrarti pazza o eccessivamente romantica, è ovvio che nel mezzo ci saranno tanti step intermedi concreti e molto più pragmatici, tutti importantissimi, ma se ci pensi veramente, in fondo, qualunque cosa facciamo, il motivo è sempre lo stesso: quello di stare bene e di essere felici. Che lo comprendiamo o no è così, o sbaglio?

Quindi, non vorrei smontarti un mito ma, da questo punto di vista, la laurea non è nient'altro che uno dei tanti mezzi che usi, sicuramente importante, per arrivare allo stesso obiettivo, quello di essere felice e di sentirti realizzato.

È fondamentale fin da subito, nel percorso universitario che ti porta a conseguirla, non perdere di vista tutte quelle altre cose di cui abbiamo parlato in questo capitolo, che ti servono e ti serviranno per il tuo perché ultimo.

Dalla decisione di iniziare davvero a creare qualcosa di concreto, tutto magicamente iniziò a prendere forma, e saltò fuori anche il titolo del nostro corso: "Memory up" – Stravolgi i tuoi limiti nell'apprendimento.

Siamo partiti da zero, non sapendo nulla di ciò a cui saremmo andati incontro.

Nulla. Avevamo solo tanta voglia di fare, questo sì. Quello che è accaduto tra settembre e novembre 2016 è stato magico.

Tantissime delle persone che avevano incrociato il nostro percorso negli anni precedenti cominciarono a chiamarci, scriverci, sostenerci in ogni modo. Chi si è offerto di darci una mano a trovare l'ufficio, chi a fare il sito internet, chi ha iniziato a parlare con chiunque di noi.

Quelle persone avevano percepito a tal punto quanto credessimo nel progetto che stavamo intraprendendo, che divennero nostre fan sfegatate.

L'obiettivo, abbiamo detto, era quello di guidare ogni studente e

123

portarlo a diventare un professionista di successo, non soltanto alla laurea, che abbiamo compreso essere solo uno step.

Il nostro successo fu la scelta di mettere le persone al centro, averne cura, occupandoci, insieme a tutti i nostri tutor, dei loro risultati come se fossero i nostri.

È da dicembre 2016 che facciamo corsi con circa 20 persone ogni mese, anche in altre città oltre a Torino, e serate di formazione su temi diversi con più di cento persone per volta. Tutto questo è stato frutto principalmente di passaparola, di corsisti felici e soddisfatti dei propri risultati che invitavano al corso amici, parenti e conoscenti, per dare anche a loro quest'opportunità.

Devo dire che un tale risultato è stato una bella soddisfazione per noi, ci ha reso consapevoli di essere sulla strada giusta.

Tanti sono stati i corsi fatti in grandi aziende, come Sanpaolo Invest, Dell EMC e Lyconet, i corsi tenuti da docenti all'interno dei "Master Europei" all'Università degli studi di Bari "Aldo Moro", ma ciò che ci appassiona di più è stravolgere i limiti e ribaltare gli orizzonti dei giovani, di chi vuole decidere liberamente cosa fare nel proprio futuro, di chi vuole compiere scelte diverse per la sua vita, migliori, slegandosi dai preconcetti e da una visione delle cose pessimistica, che non porta da nessuna parte.

La vita è la cosa più meravigliosa che ci sia stata donata e la cosa più grande da onorare, riempiendola della migliore parte di noi stessi, impegnandoci per realizzare qualcosa che sia all'altezza del nostro sogno.

Tira fuori il supereroe che è in te, indossa quel costume e promettiti che oggi farai qualcosa che ti avvicina a quel progetto, lavoro o persona a cui ambisci.

Fare corsi e avere l'opportunità di conoscere centinaia e centinaia di persone mi ha arricchito, ogni parola ascoltata e ogni punto di vista diverso compreso ci ha portati ad essere oggi qui.

Ah, ho un segreto da dirvi, Paolo, mio compagno di vita e di questa nuova attività intrapresa insieme, è quella persona che quel giorno all'università, prima dell'esame di Procedura civile, mi parlò delle tecniche di apprendimento e mi lasciò quel biglietto.

È il ragazzo delle macchinette del caffè.

Ma questa è un'altra storia...

E ricordati, le opportunità non hanno sempre un cartello luminoso a segnalartele.

RIEPILOGO DEL CAPITOLO 6:

- SEGRETO n. 1: la felicità non è immutabile nel tempo, va rinnovata ogni giorno.
- SEGRETO n. 2: sii grato per ciò che hai, leggi questo articolo e guarda il fantastico video che trovi all'interno: http://www.memoryup.it/inizia-dicendo-grazie/.
- SEGRETO n. 3: connettiti con te stesso, trova i tuoi valori e lascia che la tua vita sia guidata da questi.
- SEGRETO n. 4: prendi il coraggio in mano e sii disposto, anche se si tratta di fare un salto nel vuoto, a cambiare la tua rotta e dirigerti verso ciò che ti rende felice.
- SEGRETO n. 5: se c'è una grande fede non esistono sogni irrealizzabili.

CORRI A INTEGRARE LE TUE RISPOSTE ALLE "DOMANDE GUIDA" ALLA FINE DEL LIBRO E... SCOPRI *I TUOI REGALI* nella "Conclusione"!

Conclusione

Tecniche di Apprendimento avanzato e Sviluppo personale. È questo ciò di cui abbiamo scelto di occuparci. In che modo? Insegnando a sfruttare appieno l'unica cosa che ci serve per vivere la vita che vogliamo: TCP (Testa, Cuore e Palle). Diciamo le cose come stanno!

Il primo passo per essere delle persone efficienti è quello di possedere un metodo di apprendimento all'altezza dei tuoi obiettivi, delle tecniche efficaci per poter imparare velocemente ed essere certi di ricordarsi ciò che viene spiegato durante corsi, lezioni, workshop vari, o nei libri letti. Strumenti che ti permettono di competere ad alti livelli nel mondo del lavoro.

Per questo abbiamo creato "Sistema Studio Intelligente", l'unico sistema al mondo che ti fornisce un metodo personalizzato in base all'obiettivo che vuoi raggiungere.

Quante volte ti è capitato di fare corsi e leggere libri per poi ricordarti poco o nulla? Prima di imparare qualcosa, bisogna "imparare a imparare", fondamentale al giorno d'oggi che siamo sempre più bombardati da informazioni, e gestirle tutte, ma soprattutto selezionare quelle veramente utili per noi, diventa sempre più complesso.

Se non c'è questo, i momenti che impieghiamo a formarci si potranno rivelare presto una grande perdita di tempo, e saremo sempre condannati ad avere a che fare con tante informazioni che potrebbero segnare la netta differenza per noi, ma non sapendo come organizzarle, padroneggiarle e ricordarle in modo efficace e duraturo, saremo costretti a perdere.

Abbiamo visto nelle tecniche di apprendimento avanzato la base, il punto di partenza per potere essere delle persone competenti in ciò che ci interessa, per potere avere un'efficienza mentale che ci permetta di differenziarci e di eccellere in ciò che facciamo.

Assieme a queste abbiamo creato un percorso formativo che consenta alle persone di elevarsi, aumentare l'autostima e la sicurezza, gestire al meglio il proprio tempo, comprendere come guidare sé stesse e molto altro.

L'obiettivo primario che ci siamo posti scrivendo questo libro non era darti necessariamente dei concetti nuovi, ma trasmetterti messaggi in modo diretto per spingerti all'azione, perché sai benissimo anche tu che la differenza spesso non la fa sapere tante cose, ma applicare, veramente e sempre, ciò che sai.

Ciò che conta non è la teoria ma la pratica, utilizzare strumenti e pensieri vincenti. Lo si può fare veramente bene solo se seguiti da un team di professionisti e accompagnati da un gruppo di pari che perseguono uno stesso obiettivo.

Siamo felici di aver potuto condividere con te una parte fondamentale della nostra storia ed esperienza che, piccola o grande che sia, ci ha portati a migliorare la nostra vita, a darle una svolta verso ciò che realmente volevamo seguire, e ti auguriamo davvero che possa essere lo stesso per te.

Se la tua vita migliorerà anche solo di un grado dopo ciò che hai messo in pratica grazie a questa lettura, ne saremo immensamente orgogliosi.

Se c'è una cosa su tutte con cui vogliamo lasciarti è l'opportunità concreta di acquisire nella pratica tutto ciò che veramente ti occorre, oltre alla laurea, per realizzare il tuo sogno.

Non vogliamo che dopo questo libro il tuo percorso con noi finisca qui, poiché il nostro successo sta anche nel tuo successo e in quello che riuscirai a realizzare da questo momento in avanti.

Proprio per tale motivo abbiamo scelto di farti 2 regali esclusivi di altissimo valore:

1. Webinar "STUDIO VELOCE", un evento online in diretta streaming in passato venduto a 57€, ma che dal primo lockdown abbiamo scelto di regalare a tutte le persone che vogliono scoprire le potenzialità della propria mente e gli strumenti per sfruttarla al meglio;

2. "Consulenza Obiettivi", un appuntamento normalmente

venduto a 50€, ma che per te, che hai già iniziato questo viaggio con noi, sarà gratis. Potrai parlare direttamente con uno dei nostri esperti di Apprendimento avanzato e Sviluppo personale, con cui definirai i tuoi obiettivi in ambito scolastico/lavorativo e farai un piano d'azione per raggiungerli.

Per ricevere i tuoi regali clicca su questo link:

https://forms.gle/55JKRRnArHdnpcZx9

In alternativa scansiona il seguente QR-CODE:

Non c'è tempo per aspettare che qualcosa cambi, il tuo tempo merita di essere investito per creare il tuo cambiamento. Saremo felici di farne parte.

Antonella Sgobbo
Paolo Mattia Palazzolo

Ringraziamenti

Alle nostre famiglie, per essere sempre in prima linea nel sostenerci, per crederci almeno quanto noi in ogni cosa che facciamo.

Ai nostri nonni e alla fortuna di averli, doni inestimabili, fonti di saggezza e pozzi di conforto.

Ai nostri splendidi Tutor di Memory Up, famiglia allargata e compagni di viaggio che ci siamo scelti e parte integrante dei nostri progetti.

A tutto il nostro Staff, team straordinario senza il quale nulla di ciò che facciamo potrebbe esistere.

A tutti i nostri Allievi, nostra fonte inesauribile di motivazione per crescere costantemente e offrire loro solo il meglio.

Agli amici veri, per la forza trasmessaci, per la gioia condivisa e per tutto ciò che di meraviglioso ci unisce.

Grazie.

Domande guida

1) Cos'hai imparato di nuovo?

_____

_____

_____

_____

_____

_____

_____

_____

_____

_____

_____

_____

_____

2) Che cosa sapevi già ma non applicavi e da domani metterai in pratica?

_____

_____

_____

_____

_____

_____

_____

_____

_____

_____

_____

_____

_____

_____

_____

_____

_____

3) Quali tue caratteristiche/competenze ti distinguono oggi nel mercato del lavoro? (Se sei ancora uno studente immagina di essere alla fine del tuo percorso di studi).

_____

_____

_____

_____

_____

_____

_____

_____

_____

_____

_____

_____

_____

_____

_____

4) Cosa cambierebbe se possedessi anche tu gli strumenti di cui abbiamo parlato in questo libro?

_____

_____

_____

_____

_____

_____

_____

_____

_____

_____

_____

_____

_____

_____

_____

5) Qual è il tuo nuovo piano d'azione per avvicinarti al tuo sogno?

_____

_____

_____

_____

_____

_____

_____

_____

_____

_____

_____

_____

_____

_____

_____

_____

www.ingramcontent.com/pod-product-compliance
Lightning Source LLC
Chambersburg PA
CBHW071558200326
41519CB00021BB/6802